国家社科基金项目成果传播

跨代创业视角下长寿企业韧性的实现机制研究（22BGL127）

宗族文化影响民营企业治理结构与行为选择的机制研究（21BGL108）

浙商传承

一手案例与成功经验

王明琳　朱建安　等著

ZHEJIANG UNIVERSITY PRESS
浙江大学出版社
·杭州·

图书在版编目（CIP）数据

浙商传承：一手案例与成功经验 / 王明琳等著. --
杭州：浙江大学出版社，2024.8
ISBN 978-7-308-24454-1

Ⅰ．①浙… Ⅱ．①王… Ⅲ．①家族－民营企业－企业
管理－研究－萧山区 Ⅳ．①F279.245

中国国家版本馆CIP数据核字(2023)第235007号

浙商传承：一手案例与成功经验

王明琳　朱建安　徐萌娜　何秋琴　赵嘉华　著

责任编辑　杨　茜
责任校对　曲　静
封面设计　周　灵
出版发行　浙江大学出版社
　　　　　（杭州市天目山路148号　　邮政编码　310007）
　　　　　（网址：http://www.zjupress.com）
排　　版　杭州林智广告有限公司
印　　刷　杭州钱江彩色印务有限公司
开　　本　880mm×1230mm　1/32
印　　张　7.125
字　　数　151千
版 印 次　2024年8月第1版　2024年8月第1次印刷
书　　号　ISBN 978-7-308-24454-1
定　　价　70.00元

浙江大学出版社市场运营中心联系方式：0571-88925591；http://zjdxcbs.tmall.com

序言

　　对大多数伴随着改革开放成长起来的中国第一代民营企业家而言，难的不仅仅是在创业中摸爬滚打，更是在传承中做到进退有度。如果说创业对第一代企业家来说是一种"长期磨炼"的话，那么交接班对第一代企业家来说则是一个"终极挑战"，难度不是变小了，而是变大了。我之所以将传承称为"终极挑战"，不仅因为这个挑战难度更大，时间上发生在企业家生命的后半段，更因为传承是否成功会直接影响企业的长远命运。

　　由于缺乏足够的国内成功经验，时至今日，大多数国内民营企业仍在交接班道路上"摸着石头过河"。第一代企业家在创业过程中已经习惯于"摸着石头过河"，错了也关系不大，大不了从头再来一次。但是，在传承中"摸着石头过河"的试错成本要高得多，甚至不一定有"从头再来一次"的机会。浙江是国内民营经济的先发地，诞生了鲁冠球、徐传化、宗庆后、茅理翔等一大批改革开放后的第一代民营企业家。总结"浙商"成功传承的案例，供当前国内广大民营企业参考和借鉴，具有非常强烈的现实意义，案例的数量和种类也是多多益善。

本书选择的五个"浙商"传承案例，包括了不同行业、规模、技术水平的企业，也涵盖了选择不同接班人、采用不同接班方式、走不同接班路径的企业。就行业分布来说，既有制造业企业，也有商贸业企业；就规模而言，既有中国民营500强企业，也有细分领域的"隐形冠军"企业；就技术水平而言，既有处于升级中的传统制造业，也有国家级专精特新"小巨人"企业；就接班人选而言，既有儿子或女儿接班，也有女婿接班；就接班方式而言，既有二代集体接班，也有"分口袋"接班；就接班路径而言，包括了"内部培养""外部空降""自主创业"等几种不同路径。五个案例是千千万万"浙商"的缩影，既有代表性，也不失多样性，读者既可以通读，也可以选择某一案例重点细读。

在传承过程中，"家家都有本难念的经"，每一家企业、每一个家族都无法简单重走别人走过的路，但是，实现成功传承的企业与家族一定表现出了一些"共性"，遵循了一些"一般规律"。通过比较上述五个案例，可以让众多正处在传承过程中的企业家及相关家族成员更加深刻地把握传承的一般性和特殊性，更为透彻地看清自身的劣势和优势，在更广的空间和更长的时间维度上审视自身，从而在交接班道路上获得更大的主动性。

本书在考虑案例的代表性、理论的系统性的基础上，还充分考虑了描述的生动性，大部分章节采用了通俗易懂的语句，尽可能做到老少皆宜、雅俗共赏，既可供文化素养较高的读者阅读，也适合受教育程度不高的读者阅读，如果撇开小部分理论阐述章节，给还在接受义务教育的小读者阅读也基本没有问题。

本书作者王明琳、朱建安等几位教授和博士，都是国内研究家族企业的中青年学者，已经在家族企业研究上取得了丰富的学术成果。我非常高兴地看到他们通过企业深度访谈，挖掘出一手案例，通过夹叙夹议的写法，将每一个案例背后的独特故事娓娓道来，供读者细细品味其中隐含的传承智慧。在理论上，本书通过深入浅出的案例，将近年来家族企业传承领域最新学术成果向广大读者作一次科普，并且不乏理论创新；在实践上，可以将本书当作一本为企业家准备的"传承参考手册"。因此，本书值得向包括企业家、学者乃至政府相关部门人员在内的广大读者推荐！

最后，还需要提醒读者，不能过于关注一些"点"上的经验或"诀窍"，而忽视了企业传承的系统性和复杂性。同时，不仅个人与个人、企业与企业、家族与家族之间存在巨大的差异，中国幅员辽阔，不同地域之间的文化差异也非常大，别人的成功经验未必完全适合自己。

"条条大路通罗马"，借鉴他人经验，最终还是为了探索出一条最适合自己的传承之路！

浙江大学管理学院企业家学院院长

浙江大学全球浙商研究院副院长

全国工商联私营经济研究会家族企业发展委员会副会长

陈　凌

2024年1月于杭州浙江大学紫金港校区

"浙商"传承典型案例概况

	胜达	智兴	汇德隆	金迪	杭申
创始人	方吾校 （1949— ）	沈加员 （1948— ）	王炳炯 （1953— ）	王永虎 （1952— ）	马传兴 （1950— ）
接班人	方能斌（1971— ） 方聪艺（1977— ） 沈蕾（1972— ）	沈国琴 （1972— ）	王强 （1979— ）	王玲娟（1978— ） 王玲玲（1987— ）	马雪峰 （1977— ）
成立时间	1983	1995（改制）	1987	1986	1966 1997（改制）
企业能级	1. 中国民营企业500强 2. 中国制造业企业500强	1. 浙江萧山区百强企业（工业）	1. 浙江服务业百强企业 2. 浙江亩均效益领跑者（服务业）	1. 中国免漆门"鼻祖" 2. 国家林业重点龙头企业	1. 国家级专精特新"小巨人"企业 2. 中国电气制造业"隐形冠军"企业
业务领域	纸包装、浆纸、纺织、化工、环保纸膜、能源、房地产、金融投资等	印染、热电、房产、农产品、外贸、实体投资等	连锁超市、商业开发、生活服务、广告传媒等	木质门、家居装饰材料等	高低压成套开关设备和高低压电器元件、电子元件、电工材料等
传承方式	儿子/女儿/儿媳集体接班	女儿单独接班	女婿单独接班	两个女儿分口袋接班	儿子单独接班
传承路径	内部培养	外部空降	内部培养	内部培养	内部培养+自主创业
传承过程	培养期：15年 共治期：14年	培养期：17年 共治期：7年	培养期：7年 共治期：2018年至今	培养期：约12年 共治期：约8年	培养期：5年 共治期：16年
主要传承特点	1. 长期规划接班 2. 一代舍得放权 3. 公开接班进程 4. 老臣有序退出 5. 家族治理清晰	1. 一代坚定放权 2. 二代在主业打造权威 3. 两代有效沟通 4. 家族治理简约	1. 翁婿精准定位 2. 一代大胆授权 3. 两代高效沟通 4. 老臣有序退出	1. 一代超前布局 2. 一代大方放权 3. 二代在主业打造权威 4. 两代有效沟通	1. 二代自主创业、坚守主业 2. 一代早早放权 3. 两代有效沟通 4. 公开接班进程

目
录

"浙江"孕育的"浙商"

萧山企业家

走遍千山万水、想尽千方百计、说尽千言万语、吃尽千辛万苦。

　　　　　　　　　　　　　　　　　　——浙商"四千"精神

抢上头班车、抢抓潮头鱼、抢开逆风船、抢进快车道。

　　　　　　　　　　　　　　——浙江萧山企业家"四抢"精神

　　"浙商"一般是指浙江籍的企业家（商人）群体，包括杭州商人、宁波商人、温州商人、义乌商人、绍兴商人、湖州商人等。钱塘江是浙江省最大的河流，因其曲折蜿蜒，古称"浙江"（又称"折江""之江"），浙江省的名字就来源于这条江。

　　萧山位于钱塘江末段入海口的杭州湾南岸，至今已有两千余年的建县史。20 世纪七八十年代以来，萧山涌现出了鲁冠球（万向）、徐传化（传化）、李水荣（荣盛）、邱建林（恒逸）、郭明明（东南网架）、方吾校（胜达）、邵伯虎（协和）、项兴富（兴惠化纤）等蜚声海内外的企业家和一大批位列世界 500 强、中国 500 强或中国民企 500 强企业。在"胡润中国百富榜"前 100 位中，萧山企业家近年来占比超过 1/5。

　　世世代代的萧山人生于"浙江"边，长于"浙江"边，有的直接在江上"讨生活"。因此，在浙商群体中，要论与"浙江"关系最紧密的，还数萧山企业家，如果从地理区位上看，萧山企业家可以称得上是最正宗的"浙商"。

钱塘江大潮与巴西亚马孙潮、印度恒河潮，并称世界三大涌潮。由于杭州湾呈现"外口宽、内口窄"的喇叭状，当潮水在引潮力及沿河道而上、不断抬升的"沙坎"的作用下，源源不断地涌入变窄、变浅的水道时，水位被不断推高，形成一道陡立的"水墙"，最终造就了地球上唯有亚马孙潮可以与其相提并论的"钱塘江大潮"。

钱塘江潮水虽壮美，但曾经给沿岸萧山人民带来了无穷无尽的苦难。每逢大潮汛来临，"疾雷闻百里，江水逆流，海水上潮"，潮水裹挟着大量的泥沙，以每秒 10 ～ 15 米的速度席卷而来，冲击力可达到每平方米 6 ～ 7 吨，能够把几千斤重的海塘巨石抛出一米多高。

咆哮而来的潮水冲击着两岸的淤积沙地，时不时引发大面积坍江，沙土瞬间被汹涌的潮水所吞没，有时候一次坍塌数里乃至数十里。据史料记载，明代崇祯元年（1628）的一次坍江，一万余人被卷入潮水之中。临江而居的萧山人深受其苦，"一年三坍江，满眼白茫茫；人似沙头鸟，漂泊居无常""三年两头坍，饿死穷光蛋"。

然而，萧山人从来没有向肆虐的潮水屈服过。萧山自古就有"喜奔竞，善商贾"的传统，商品经济的根基很深，历史上萧山人"跑码头、闯市场"，什么活都肯干，什么苦都能吃。里畈人（居住在北海塘以南地区，又称南片人）挑着货担走南闯北，"鸡毛换糖"；塘里人（居住在北海塘以北沙地区，又称中片人）背着蛇皮袋走村串巷，收鸡肫干皮、甲鱼壳；沙地人（居住在钱塘江边的滩涂地，又称东片人）在沿江沙地上种萝卜并制成萝卜干，早在20世纪20年代，"萧山萝卜干"就名声在外，畅销邻省乃至远销海外。

从20世纪60年代开始，萧山人变"被动防守"为"主动治江"，开始了大规模、有组织的围垦活动，"向潮水夺地，向海涂要粮"。"吃的是石米饭，喝的是咸水茶，睡的是白沙滩"，"夏天大蚊虫，冬天西北风，月点灯、风扫地，满身是泥沙"，"潮水来了得逃命，睡醒了起身接着干"。

来自靖江、义蓬、南阳、卫东、瓜沥、坎山、闻堰、戴村、楼塔、所前、城南、裘江、螺山等十余个公社的萧山人，突破了既有社队行政单位和传统宗族组织的范围限制，地不分南北、人不分老少，展开大范围紧密协作。凭借着精卫填海、愚公移山的精神，几十万萧山人前赴后继，一年复一年、一代接一代，经过30余年的战天斗地，一共围垦出了50余万亩滩涂毛地，约占萧山1/4的土地。来自不同公社的萧山人扎根在极度贫瘠的滩涂上，种出了粮、棉、麻、桑、瓜、果、蔬菜，修建起渠、闸、路、桥，一个个新的村镇随之拔地而起，并孕育了更为开放、包容、多元、进取的"沙地文化"。

20世纪70年代后，浙江萧山的"社队企业"（由公社、生产大队、生产队三级农村组织创办的小型工业企业）迎来了快速发展时期。到了 80 年代，中央开始在社队企业推行"承包制"，敢于争先的萧山人如鱼得水，社队企业无论在数量上还是在规模上，都位居杭州市首位，与绍兴、鄞县（今鄞州区）、慈溪、余姚一起被称为浙江社队企业"五虎"。

进入 20 世纪 90 年代后，萧山民营企业"异军突起"，原有的乡镇企业开始大规模的转制，进一步焕发了生机，新生民营企业也如雨后春笋般涌现，萧山自此迈入了民营经济发展的"黄金时代"。

浙江萧山经济发端于"草根经济"，是土生土长的萧山本地人在亲手开辟的土地上，凭借着"奔竞不息、勇立潮头"的萧山精神，主要依靠自身的力量，创造出一个又一个令人惊叹的经济奇迹。怀抱着最初的"摆脱贫困"的朴素想法，萧山人为了过上好日子，孕育和发扬了"四千"精神——"走遍千山万水、想尽千方百计、说尽千言万语、吃尽千辛万苦"。

在那个交通落后的年代，传化集团的创始人徐传化为了抢时间见客户，从第一天下午一直到第二天清早，一路骑自行车从萧山赶到上海松江。

恒逸集团的创始人邱建林在上任萧山色织厂厂长的前几个月里，几乎每天都是在午夜之后下班，第二天早上 7 点半之前上班。

胜达集团创始人方吾校为了请江苏的专家吃饭，情急之下毫不犹豫地卖掉了结婚纪念品手表，以表达自己最大的诚意。

航民实业集团创始人朱重庆去上海买别人淘汰的二手设备，为了省钱，住的是 5 角一晚、"睡得晚，起得早"的浴室。

......

浙江萧山人像一支有一点缝隙就往上蹿的马鞭笋，骨子里就不满足于"小富即安"。在做大、做强萧山经济的过程中，萧山企业家敢于"抢上头班车、抢抓潮头鱼、抢开逆风船、抢进快车道"，形成了萧山独有的"四抢精神"，将"家庭小买卖"做成了"全球大生意"，将"本地小商品"做成了"国际大市场"，将"乡下小作坊"做成了"世界大企业"。

万向集团的创始人鲁冠球从 6 个农民、4000 元借款起步，到 1994 年成为国内第一家股票上市的民营企业。

汇德隆集团创始人王炳炯刚开始创业时付不起货款，就把自己作为"人质"抵押在对方工厂，等到货物销售出去回款后，再把自己"赎出来"。

金迪集团创始人王永虎靠着一股子"敢为人先"的劲头，先后制造出了国内乡镇企业第一面塑料框美容镜、国内第一扇免漆木门。

杭申集团的创始人马传兴实现了"儿子收购老子"，将中国开关行业的摇篮——上海华通开关厂纳入麾下，开创了萧山民营企业收购上海国有企业的先河。

......

从 20 世纪六七十年代"艰苦奋斗、百折不挠"的"围垦精神"，到八九十年代"走遍千山万水、想尽千方百计、说尽千言万语、吃尽千辛万苦"的"四千"精神，到世纪之交"抢上头班车、抢抓潮头鱼、抢开逆风船、抢进快车道"的"四抢"精神，再到21世纪"敢与强的比、敢同勇的争、敢向高的攀、敢跟快的赛"的"四敢"精神，一起汇聚成"奔竞不息、勇立潮头"的萧山精神，激励着一代又一代的萧山人。

进入21世纪的第二个10年，在近1000平方公里的萧山大地上，分布着1.8万余家制造企业、1600多家规模以上工业企业，矗立着2家世界500强企业、4家中国500强企业、9家中国民营企业500强企业、10家中国民营企业制造业500强企业。

"中国化纤新材料示范基地""中国汽车零部件产业基地""中国钢结构之乡""中国羽绒之都"等荣誉纷至沓来，浙江萧山无可争议地成为中国民营经济发展的一个高地、中国民营企业发展的一个标杆。当前，浙江的萧山正处于从"县域经济"到"都市经济"的转型期，正处在奋力打造"'产城人文'深度融合的中国式现代化区（县）域范例"新征程的关键时期。

但是，萧山民营企业第一代创始人往往已经到了六七十岁的年纪，大量企业面临着一代与二代之间的传承，第三代接班人的培养也进入议事日程。环顾萧山大地，涌现出了一些顺利推进交接班，乃至成功实现传承的企业。

然而与此同时，因为交接班出现问题，影响了企业正常经营发展，甚至遭受重大挫折的情况也不少见，这无疑是萧山民营企业面临的一个无法回避的重大挑战。当然，这一问题不仅仅是浙江萧山企业家面临的问题，也是国内其他地区民营企业家都会遇到的问题，只不过萧山是中国民营经济的先行区，萧山企业家需要更早地面对。

当前民营企业的交接班过程，同时也是企业实现规模扩张、技术提升和产业多元化的过程。因此，民营企业的交接班问题不仅仅是企业的"私事"，也不单纯是创始人的"家事"，在很大程度上，民营企业交接班还是区域社会经济发展的"大事""要事"，关系到民营企业的可持续发展、地方产业结构的转型升级和经济高质量发展，甚至关系到国家"共同富裕"和"中国式现代化"目标的顺利实现，是影响中国经济行稳致远的"国事"。

国内外大量实践经验表明，传承是一个长期、复杂的系统工程，直接关系到企业的兴衰乃至生死存亡，即使是在西方市场经济成熟国家，交接班也是一个高风险事件。由于企业发展历史阶段不同，企业所处的文化和制度环境也存在差异，不同国家和地区企业家在交接班问题上的态度和做法并不相同，有的甚至存在比较大的差异。例如，美国家族企业在传承过程中出现了股权分散、两权分离的趋势，但这一点至少目前在我国第一代企业家向其第二代传承的过程中表现得并不明显。

可见，当前国内民营企业家既不能完全照搬美欧等西方国家企业的经验，也不能简单复制东南亚等地区的海外华人的做法，没有切合自身的外来经验可以直接拿来使用，更多只能靠自己"摸着石头过河"。

基于以上原因，本书以浙江萧山民营企业为代表，通过撰写当前已经完成或基本完成交接班的民营企业的典型案例，以点带面，总结出当前浙商传承的成功做法和经验，为国内民营企业家乃至海外华人企业家提供可资借鉴、"接地气"的传承建议，在当前这无疑具有很重要的现实意义。

第一章

当前国内民营企业传承：困境与原因

时光匆促，岁月如梭，改革开放在不经意之间已经走过了快半个世纪。

20世纪七八十年代，改革开放初期诞生的第一代民营企业家开始步入人生暮年，相当一部分已经70岁有余。根据波士顿咨询公司发布的《基业长青：探寻家族企业传承的成功之道》（2021）显示，"福布斯中国100强家族上市企业"的创始人不少出生于20世纪50年代末，超过1/4的人年龄已经到了或者超过70岁，目前仍然担任董事长或CEO职务的创始人平均年龄已过了60岁。

俗话说"富不过三代"，随着一代创始人年事渐高，交接班问题成为当前民营企业躲不开、绕不过的一道"坎"，成为一柄时刻悬挂在创一代头顶的"达摩克利斯之剑"。虽然一小部分企业家已经完成了传承，但更多的企业家正在交接班路上磕磕绊绊、跌跌撞撞，或止步不前，或举步维艰，甚至半路折戟沉沙。

有的一代创始人已经年逾八旬，仍然担任着"世界500强"企业董事局主席和下属上市公司董事长职务；有的二代接班后短短四年，就"败光"了父辈40年创下的庞大家业；还有的一代创始人离世后祸起萧墙，二代子女手足相残，不仅企业陷入困境，家族也落得个分崩离析的下场。

早在多年前，方太集团创始人茅理翔就忧心忡忡地大声疾呼："民企已到了传承的高峰期，500万家家族企业，将有300万家从第一代传到第二代。但现在，已经有200万家家族企业在第二代传承当中被淘汰。"美国家族企业协会的一项研究显示，企业一代创始人顺利将企业传承给二代的比例为30%，在二代和三代间实现成功传承的比例只有12%，能够传承到第四代的比例仅为3%。还有一些研究显示，家族企业在交接班过程中或者交接班之后若干年内，企业绩效均会发生明显下降。

当前国内民营企业出现传承困境，原因是多方面的，梳理下来，主要有以下八点。

第一，缺乏传承计划。

普华永道发布的《全球家族企业调研——中国报告》（2018）显示，中国大陆企业家不太倾向于制订接班人计划，使传承面临更多的不确定因素。相当一部分企业家觉得自己体力、精力旺盛，正处于"当打之年"，考虑未来隐退生活为时尚早，因此在制订传承计划上持消极态度。如果二代子女中没有合适的接班人选，一代需要在非直系家族成员、创业伙伴或者职业经理中选择接班人，将面临很大的不确定性，制订传承计划的难度就更高了。

还有一种常见的情况是，有两个及两个以上二代接班人选，且他们往往都已经在企业工作，一代担心一旦指定了接班人就会导致相互猜忌、亲情破裂，甚至对簿公堂、手足相残，为了维系所谓家庭和睦而迟迟不制订传承计划。

第二，企业家一代不想放手。

一代迟迟不愿意对接班人放权，除了不满意接班人的成长之外，还有多个方面的原因。一方面，一代企业家在创业过程倾注了毕生心血，他们往往把企业当成了自己的一个"孩子"，在情感上，"甚至比亲儿子还要亲"，对企业实在难以做到"断舍离"。

另一方面，在经济体制转轨背景下摸爬滚打成长起来的第一代企业家，习惯于"敢喝头口水""敢第一个吃螃蟹"，习惯于在惊涛骇浪中冲锋在前，抓住稍纵即逝的一线机会。如果要让他们主动捆住自己的手脚、闭上自己的嘴巴，放弃"一言九鼎"的行事风格，以放弃自己的宏大抱负为代价，换取磨炼接班人的机会，无疑是一次真正的"修炼"。

尤其是在他们感觉自己身体仍然强壮、精力仍然旺盛的时候，交接班过程中的"修炼"甚至比当年创业时经历的种种"劫难"还要艰难。

第三，企业家二代不愿接班。

早在 2015 年，由中国民营经济研究会家族企业委员会发布的

《中国家族企业传承报告》显示，15% 的企业家二代子女不愿意接班，45% 的企业家二代子女对接班的态度模棱两可。企业家的子女不愿意接班的原因除了觉得自身个性和能力有欠缺之外，还有企业家二代的个人经历特别是留学经历，导致他们与一代在知识结构、价值观上产生了巨大差异，他们倾向于追求更为宽松自由的工作氛围，不愿意继续扎根在父辈一辈子坚守的传统制造业。

另一个重要原因是，由于企业家一代一辈子都在奔波忙碌之中，与二代子女的共处时光非常有限，虽然往往会给予二代子女以丰厚的物质条件作为补偿，但是两代人之间情感维系薄弱，二代对企业"无感"甚至怀有一定的"敌视"心理，自然难以对企业和家族做出承诺。

第四，两代人沟通困难。

与其说两代人出现沟通困难是一个问题，还不如说沟通困难是两代人之间关系的一个常态，没有分歧才是少数情况。除了两代人不同个性导致各自行事风格上的差异之外，如前所述，两代人家庭出身和人生经历不一样，知识结构和价值导向不一样，对具体事件的看法、对企业目标的设定就会产生分歧，这一点是无法避免的。

企业家一代往往对自己在长期打拼中积累的成功经验过度自信，加上习惯于"一言堂"，让二代难以摆脱"父辈阴影"，他们在与一代的沟通过程中长期处于极为压抑的状态，或者逐步演变为双方愈演愈烈的争吵，或者两代人渐行渐远，最终形同陌路。

而在交接班过程中，两代人扮演的角色间出现混乱，很难在企业员工与家庭成员这两个角色间"无缝切换"。企业是"讲理"的地方，两代人是具有上下级关系的员工，二代是接班人、是下属、是部门（项目）经理，需要明确的职责与严格的纪律来维系，"情"是排在第二位的；家庭是"讲情"的地方，虽有长辈与晚辈之分，但"爱"与"包容"将大家凝聚在一起，"理"始终是第二位的。然而，在传承过程中，两代人都习惯于将家庭成员的角色带入企业，在企业中"讲情"；将上下级员工的角色带入家庭，在家庭中"讲理"。在这个过程中，他们不仅对自身角色定位发生错位，对对方的角色认知也产生偏差，因此两代人的矛盾和冲突便不可避免了。

第五，家族成员纷争。

在企业初创期，愿意不计回报、全心投入的只有家族成员，能够"心往一处想、劲往一处使"的也是家族成员。但是待到企业规模有成，一些家族成员"分蛋糕"的心态往往开始代替"做蛋糕"的心态，往往仗着自己亲戚的身份及"功臣"的地位，轻则在企业"磨洋工"、混日子，索要各种"胜利果实"，甚至"吃里扒外"，重则出现拉帮结派、争权夺利的情况，导致企业连正常的运营管理也无法维系。

当家族成员之间出现股权不明晰的时候，上述情况会进一步加剧。尤其是当一代创始人的子女们年岁渐长，各自成家立业，但股权仍然没有在子女们之间做一个清晰的切割，迟早都会成为交接班道路上的一个巨大隐患。

第六，"老臣"制造阻力。

老臣，即创业元老，他们与一代创业者不仅仅是单纯的上下级关系，一定意义上还是情同手足，一起打天下的"自家人"。交接班意味着老臣要在二代团队中重新确定自己位置和角色，这对双方都是一个非常严峻的挑战，"老臣"与"少主"之间关系紧张几乎是难以避免的。

老臣因自身学历或能力问题，难以跟上二代的思路和理念；或者"躺在功劳簿上吃老本"，对企业变革态度消极，甚至私底下中饱私囊；或者为了占据已有山头，把牢既有岗位，有意排斥和压制新人的成长。一部分老臣看着企业家二代从小长大，可以说是他们的长辈，难免会出现倚老卖老，把二代"不当回事"，甚至当面"顶撞"，让二代下不了台的情况。

更为雪上加霜的是，由于老臣是与一代创始人同甘共苦过的兄弟，无论是真情流露还是碍于情面，一代往往指责二代的处理方法太简单、太粗暴，二代好不容易"请出去"的老臣，第二天又被一代重新"请回来"。

第七，外部环境剧变。

当前，民营企业所处的外部环境急剧变化，一方面，技术、业态、产业变革加速进行；另一方面，主要大国关系处于持续动荡之中，两个因素产生了叠加影响，世界正面临"百年未有之大变局"。

交接班本身就是一件高风险的事件，犹如新手开车，如果天气变得越来越糟糕，路况变得越来越差，甚至开到了连路标都没有的路段，驾驶难度必然大大增加。这也是不少二代不愿意接班的原因，一旦把错了方向、踩错了油门，就有可能把一代辛辛苦苦打下的江山葬送在自己手里，其所承受的心理压力可想而知。

第八，支撑体系薄弱。

在大众眼里，二代子女往往被贴上"富二代"的负面标签，甚至和一些炫富、飙车等负面事件捆绑在一起。社会舆论对二代的态度倾向于情绪化，如果二代做出了业绩，往往归因于在一代的"大树底下好乘凉"；如果把事情做砸了，则是因为二代自己眼界受限、能力不足。

各类媒体在交接班的新闻报道上也不够友好，不少时候对民营企业过于苛刻，存在"报忧不报喜"的情况。这些不仅给二代，也给一代带来了很大的心理压力。地方政府更倾向于将交接班问题视为创始人的"家事"、企业的"私事"，虽然组织了不少面向二代的培训与进修活动，但总体上仍停留于表面，缺乏对企业家和企业的针对性服务。

近年来，虽然高校学者关注民营企业交接班的热情不减，但习惯于大样本研究，案例研究尚显不足，研究结论对企业家和企业的直接指导作用有限。最后，企业、政府、高校、媒体等尚未产生合力，没有形成支持民营企业传承的外部支撑体系。

以上仅仅是粗浅地列出当前国内民营企业陷于传承困境的主要原因，具体到特定家族和企业，个个都有自己的委屈、家家都有本难念的经，需要从个人层面、家族层面、企业层面、行业层面、宏观层面等逐一进行分析。对大多数人来说，教科书中的理论和"准则"往往比较抽象、难以消化，本书撰写的初衷，就是让读者带着问题一到问题七，在一个个鲜活的第一手案例中细细体会，通过将自己代入具体情境，在和案例人物的"对话"中，摸索出自己的答案。至于问题八，我们将在本书第七章进行探索。

第二章

长期规划稳步接班，兄妹合力集体传承

胜达集团"二代集体接班"传承案例研究

💬 **案例导读**

1. 如何规划与推进中长期传承方案？

2. 习惯于自己"说了算"的一代创始人，如何对二代"放手"？

3. 二代与一代创始人沟通互动，需要遵循怎样的原则？

4. 方吾校公开举办传承仪式的初衷是什么？

5. 家族治理如何做到"清晰明了"？

胜达集团的创始人，是大名鼎鼎的"中国包装大王"方吾校。国内包装行业一直以来流传着"中国包装看浙江、浙江包装看杭州、杭州包装看萧山"的说法，足可见方吾校的"行业地位"。与共和国同龄的方吾校，1983 年依靠 2000 元和 14 把榔头起家，把一个小小的乡办企业一步步打造成为净资产超 100 亿元的国内包装行业龙头企业，自己也成了中国包装大亨。

在 40 年的风雨创业历程中，让方吾校终生难忘、引以为豪的一件事，是 1988 年底参加时任浙江省省长薛驹出席的乡镇企业座谈会。方吾校现在回忆起当时的场景，仿佛就发生在昨天。1988 年 12 月 31 日，薛驹省长为了制定来年出台的《关于乡镇企业经济政策的补充规定》做前期调研工作，邀请了当时萧山 10 家具有代表性的企业家召开座谈会。

参加此次座谈会的大多是万向节厂、五金工具厂、亚太机电厂、金龟机械厂、伞面绸厂、凯星西装厂、萧山包装厂、浪潮蚊香厂、钱江啤酒厂、萧山城北棉纺厂等大企业的一把手。方吾校原本发言顺序靠后，但万向节厂鲁总提议让方吾校先发言，能够面对面地向这么大的领导汇报工作，足以让他这个当时才创业5年，尚名不见经传的"新人"引以为豪。

实话实说，如果说被选出来参加这个调研会有一定的运气成分，那么，让方吾校引以为豪的第二个原因则是有理有据的："大浪淘沙，物竞天择"，30多年过去了，当初参会的这些企业中，能做得大、做得稳，传承最成功的，还得数方吾校。有几位企业家的年龄比他大，曾经一度为接班人选而操心，而他已经到了交接班的最后"收官"阶段，由儿子、女儿、儿媳及职业经理人组成的接班团队，已经稳稳地操控着胜达这艘巨舰，继续在商海里劈风斩浪。

一、改变贫困，艰苦创业

1949年7月，方吾校出生于萧山河上镇。他从小家境贫困，仅有一身单衣单裤过冬，三年困难时期，经历过啃树皮、吃草根的生活。小学一毕业，方吾校就辍学了，平日里靠砍柴、卖菜帮衬家里维持生计。1962年，他参加生产队劳动，小小年纪的他，无论是农活还是手工活，在生产队里的各项比赛中总能排在前列。

15岁那年的农历二月初二，方吾校在村里泥水匠钱志海家门口一直坐到凌晨两点，终于感动了钱师傅，得以向他拜师学艺。方吾校天分极高，记忆力超群，手艺出众，很快就出师单独打天下。

21 岁时，方吾校加入大桥乡建筑队，一眼就能够看出老泥匠的操作失误，并因此赢得了大家的交口称赞，拿起了老师傅的工资。虽然只有小学文化，但方吾校一边工作一边学习，而且学什么都快，图纸、预算、施工样样都会，27 岁时就当上了大桥乡建筑队技术副队长，29 岁时又当上了队长。因为工程质量过硬，工程队订单不断，这家从萧山乡下走出来的小施工队，甚至能够在杭州城里揽到工程，跟着他干的大小师傅们收入都不错。

1983 年，大桥乡政府个别领导粗暴干涉建筑队队长的选举，将方吾校得票最多的第一次选举认定为无效，又通过拉票、改票，让方吾校在第二次选举中名落孙山。然而，这并没有打击方吾校的创业热情，他"落选不落志、创业不停息"，要求将自己一手创办的建筑队附属木箱厂独立出来经营。乡党委了解了事情的前因后果，同意了他的请求，这在一定程度上算是帮他"平反"，但他无法再继续使用原来的厂房设备了。

当年 1 月 5 日，方吾校拿到了"大桥包装材料加工厂"的牌子，凑上了家里所有的积蓄 2000 元，又去一家缝纫机厂借了 3000 元钱，企业就这样正式开张了。"要开业就要动静大一点儿"，方吾校一下子办了 30 桌酒席，因为是"红帽子"企业，这事当时还被乡里领导作为铺张浪费的典型，在全县通报批评。但是，"高调做事、低调做人"是方吾校一贯的风格，他就是要敲锣打鼓、放鞭炮，好让大家都知道，他方吾校要大干一场了！

当然，他是有底气的。在工厂正式开张之前，他就和嘉兴一家机械厂签了一个木板包装箱大订单，并且拿到了 6 万元预付款。1983 年一整年，在萧山河上镇原大桥乡政府南边的 7 间平房里，包括方吾校和他老婆在内的 14 名工人，就靠着 14 把榔头，纯手工敲钉出了 21 万元的木板箱，年底赚到了 3.5 万元的利润。

业务并不复杂的木板箱显然满足不了方吾校的胃口。第二年，方吾校就迫不及待地推进工厂多元化发展，尝试制作折伞。虽说当时改革开放刚起步，放眼过去似乎遍地是机会，但是游入陌生水域的方吾校还是呛了一口水。同时，作为企业业务基本盘的木板箱制造也遭遇了政策上的调控，国家号召"植树造林，封山育林"，木板不能继续作为包装材料了。

1985 年，方吾校迅速转型做纸板包装箱，并征地十亩自建厂房，终于有了属于自己的第一个"根据地"。第二年，企业更名为萧山包装材料厂，销售收入达到 112 万元，利润高达 13 万元。

回顾这几年的打拼，方吾校将这一时期自己的创业经验总结为生动形象的三句话："碰到困难学愚公，参与市场学济公，内部管理学包公。""碰到困难学愚公"，就是不怕困难，锲而不舍；"参与市场学济公"，哪里有市场，哪里就有机会；"内部管理学包公"，纪律严明说一不二。"愚公""济公""包公"成为方氏家族直面困难、开拓市场、内部管理的三大"看家法宝"，也成为后来的胜达集团底蕴深厚的企业文化的核心部分。

愚公移山的故事中国人耳熟能详，年且九十的愚公不畏艰难，面对太行、王屋两座大山，带领子孙挖山不止。济公则是浙江最具地方特色的民间传说人物之一。一个法号道济的和尚，"鞋儿破，帽儿破，身上的袈裟破"，看上去蓬头垢面、不修边幅，也不受清规戒律的约束，喝酒吃肉，却是一位云游四方扶危济困、除暴安良的得道高僧，在老百姓心中留下了美好形象。

方吾校要学习的就是愚公"下定决心，不怕牺牲，排除万难，去争取胜利"的精神，济公"不拘一格"的行事风格和化腐朽为神奇的力量。伴随着改革开放一起成长起来的乡镇企业家原本就没有什么地位，大多是泥腿子洗脚上岸，可谓"破帽、破扇、破鞋、垢衲衣"，但恰恰是这一群看上去不起眼，甚至可以说"土得掉渣"的庄稼汉，有着愚公移山一般知难而进的一股子韧劲，成为一支推动中国市场化和工业化的极其重要力量，对经济发展起到了不可或缺的作用。

二、站稳脚跟，永续创业

1986 年，方吾校不满足于纸包装箱的盈利，将目标瞄准了塑料桶行业，想为当时浙江省腌黄瓜企业的出口产品做外包装配套。一家做纸箱的乡镇企业要跨行做塑料桶，谈何容易？

摆在方吾校面前有三道常人看来无法跨越的难关：首先，要过技术关，塑料桶对于当时的乡镇企业来说可谓是一个不折不扣的高科技产品，技术人员从哪里来？其次，要过制造关，原材料又从哪里来？当时用来制造塑料桶的聚苯乙烯材料全靠定额供给。最后，还要过市场关，省内的腌黄瓜企业已经有了长期固定的塑料桶配套供应商，还是一家国企，凭什么将业务交给一家名不见经传的乡镇企业？

几头都没着落的方吾校就是敢干！为了挖人学技术，他拿着地图，一路找到江苏常州塑料厂，借口自己是来买塑料桶的，才得以进得去工厂大门。机缘巧合之下，一位即将退休的科长（原生产技术科科长）看出了方吾校的真实意图，刚好他也有意在退休后前往浙江发展，所以两人约定到外面的招待所里进一步详谈。

为了表达自己的诚意，方吾校准备好好招待这位科长一顿饭，但是苦于身上没有带足钱，怕出洋相，情急之下，他就在半路上卖掉了自己结婚时买的手表和随身携带的钢笔。两人相谈甚欢。第二天这位科长就随方吾校一起到了萧山，吃住都在方吾校家里。他觉得方吾校诚意十足，企业也有一定的底子，愿意助方吾校一臂之力。

有了人才，还要大笔资金购买生产设备，方吾校又找当地信用社贷款30万元，再加上纸箱厂账上的20万元流动资金，合起来有50万元，买设备的钱也终于有了着落。1986年夏天，生产设备到位了，从常州请来的师傅也到岗了，试制出来的产品质量很不错，经过浙江省商检局的检测，顺利拿到了生产许可证。同时，在方吾校的多方努力下，企业也拿到了塑料桶原材料的供给配额。

经历了"千辛万苦"，产品有了，市场还是大问题。那时，改革开放进入了第八个年头，但是计划经济的影响依旧十分明显。省内腌黄瓜出口企业并没有独立的塑料桶采购权，必须统一到省粮油和土畜产进出口公司审批，如果省粮油和土畜产进出口公司不松口，腌黄瓜出口企业就不能在市场上自主购买塑料桶。

这里有对产品质量的信任问题，那时，人们还对乡镇企业是否靠谱普遍存在疑问。但更为困难的是，如何说服省粮油和土畜产进出口公司换掉长期合作的国有塑料桶供应商，采用一家乡镇企业的产品？

方吾校可谓"想尽千方百计、说尽千言万语"：首先，他通过一次次现场对塑料桶所做的破坏性试验，让省粮油和土畜产进出口公司领导建立起对产品质量的信心；其次，他逐个找腌黄瓜出口企业做工作，承诺额外提供产品的维保服务；最后，方吾校持坚持不懈地跑省经济贸易厅，跑省粮油和土畜产进出口公司，一次次"热脸贴上冷屁股"，省里相关领导终于被方吾校感动，同意在下属企业试用他的塑料桶。从此，这家乡镇企业打开了塑料桶这一"高科技"行业的大门，以过硬的品质经受住了国内国际客户的双重检验。

1991 年，由于产品供不应求，方吾校为了进一步扩大生产，积极成立合资公司。这家合资公司的全称为浙江胜达包装材料有限公司，方吾校解释说："'胜'是高山不化千年雪，'达'为源泉长流百条溪。"公司有三个股东，分别为香港富春粮油公司，占股51%；浙江省粮油和土畜产进出口公司，占股 4%；方吾校的萧山包装材料厂，占股 45%。受限于资金实力，身居二股东的方吾校无法担任董事长和法人代表。

心怀大志的方吾校显然不会安于"二当家"身份，1994年，他投资成立萧山八达造纸公司，有了第二家包装产业的公司，这也是一家解决部分残疾人就业的民政福利企业。随后，一路栉风沐雨的方吾校迎来了1997—1999年的纸箱发展黄金期，到了1998年，方吾校经过协商，将第一大股东香港富春粮油公司、第三股东浙江省粮油和土畜产进出口公司的股权全部收购了。

几乎任何产品都需要用到外包装，但是，行业属性决定了包装业的整体附加值并不高，加上运输成本因素，一家包装企业的辐射半径仅有300公里左右，这一方面导致包装行业很难诞生大规模的龙头企业，整个行业呈现小而散的特征；另一方面也意味着"地理空间"成为包装企业天然的护城河，区域内的企业可以舒舒服服地过小日子。

1998年底，胜达与八达造纸两家企业账上自有资金合计起来超过1亿元，这一年，方吾校刚好50岁，是在站稳脚跟后安于现状，还是再度扬帆起航？

"虽年过半百，但壮心不减"，方吾校毫不犹豫地决定创业不息，这也是他在为子孙后代做一个表率。1999年，方吾校成立大胜达包装股份有限公司，在萧山经济技术开发区建成了第三个包装生产基地，一跃成为国内包装行业的龙头企业；2002年，他跨行进入纺织行业，同年，还在苏州吴中新区征地50亩，成立苏州胜达纸品有限公司，建成第四个生产基地；2004年，他出资4000万元，贷款 1.8 亿元，收购江苏盐城双灯纸业有限公司——一家生产生活用纸的濒临破产的国有企业。此后，他在湖北、四川、新疆等相继建立了 15 个生产基地。2010 年，胜达包装板块在美国纳斯达克上市，是萧山第一家在美国纳斯达克上市的公司。

至此，胜达逐渐形成了具有自身特色的"以包强包、以纸兴纸、各业并举、融合发展"的发展之路，业务涵盖纸包装、浆纸、纺织、化工、石化贸易资等多个产业，连续 20 余年跻身"中国民营企业 500 强"，2022 年位居"中国制造业民营企业 500 强"第 267位。2019 年，方吾校众望所归地荣获了"中国纸包装行业终身荣誉成就奖"。

三、集体接班，公开传承

2012 年 9 月 7 日，时任浙江省委副书记李强来到胜达集团考察，了解民营新生代企业家队伍建设情况，这是他几天内调研的第四家杭州本地民营企业。交谈了 10 分钟，方吾校就立下了军令状——胜达集团与方氏家族要成为浙江新生代企业家培养的典型，为浙江省民营企业的代际传承树立标杆。

在随后召开的专题座谈会上，李强进一步强调指出：民营经济是浙江省的特色和优势所在，家族企业是浙江省民营经济的重要组成部分，是浙江省民营企业存在和发展的重要形式。新生代企业家的培育事关民营企业可持续发展，不仅是民营企业的"家事""私事"，更是关系到浙江省经济社会发展的"大事""要事"。①广大民营企业要把企业传承问题纳入企业发展战略来谋划，制定"传、帮、带"交接规划，加快建立现代企业制度，健全法人治理结构，注重对新生代企业家的教育培训和多岗位历练，努力实现企业有序传承发展，打造"百年老店"。

他还进一步指出，企业的传承，不仅是简单的财富和资产的传承，更是企业核心价值观和企业家精神的传承。新生代企业家要继承和发扬老一代企业家的好精神、好传统，努力做到政治上有方向、经营上有本事、责任上有担当、文化上有内涵，全面提升自身综合素质，树立"商行天下"、"义行天下"的良好形象。

方吾校的底气首先来自他对自己一双子女的信任。一些企业家二代明明能力不行，或者完全没有接班意愿，一代企业家还是要勉为其难地让他们来接班，不仅对企业有害无益，严重的甚至葬送了一代辛辛苦苦打下的"江山"，对二代个人来说也是一个伴随一生的悲剧。

方吾校很早就清楚，自己的儿子方能斌"脑瓜子好用"，可谓心灵手巧，动手能力很强，喜欢一天到晚摆弄机械设备，弄得满身油污也乐此不疲。女儿方聪艺天资聪颖，那时候纸箱制作需要露天暴晒，她自小就在纸箱堆里长大，放学了去工厂，周末还是在工

---

① 李强在调研新生代企业家队伍建设时强调：继承浙商好传统，创出发展新天地 [EB/OL]．（2012-09-08）[2023-02-02]. https://zjnews.zjol.com.cn/gaoceng_developments/lq/cxhd/201209/t20120908_987170.shtml.

厂，对企业充满了感情。从小学高年级开始，方聪艺就立下了创业的志向，"长大了要做一个生意人"，大学考进了对外经济贸易大学，自己选择了国际营销专业。

方吾校的底气还来自自己手里捏着一副"好牌"。在多孩家庭中，兄弟姐妹之间往往存在不同程度的竞争关系，在面临交接班时，很可能发生明争暗斗，手足相残也屡见不鲜。在原生家庭中，通常容易发生"兄弟阋于墙""姐姐修理弟弟"的情况，但是很少会出现"哥哥欺负妹妹"的现象。因此，在民营企业中，常常可以看到"兄妹档接班"，即妹妹在哥哥掌控的公司担任核心高管，但较少看到"姐弟档接班"，即姐姐在弟弟掌控的公司里占据重要岗位。

方吾校恰好儿女双全，并且儿子比女儿大六岁，这个年龄差距不大不小，"妹妹从小崇拜地跟着哥哥，哥哥更舍不得骂妹妹一句"，兄妹之间有共同语言，很少产生冲突，更容易形成稳定的接班团队。兄妹俩长大后，即使妹妹手里有了股份，担任了上市公司总裁，也依然直接明了地说："我哥就是我的老板，我一直是这么定位的。"方吾校手里的这一副"好牌"，让他心里对交接班又多了一分胜算。

方吾校的底气更来自自己对交接班的精心谋划和久久为功。2012 年，胜达集团的传承规划已经顺利进入了下半场，如果从儿子方能斌 1989 年进入企业开始算起，方氏家族的交接班进程已经进入第 23 年，女儿进入企业也满 10 年了。毫不夸张地说，方吾校是改革开放后国内最早一批筹划和实施代际传承的民营企业家。

方吾校在身边的不少民营企业中观察到，企业家的二代能力很强，并且接班意愿也很强烈，但一代不是觉得自己还处于"当打之年"，就是觉得二代历练不够甚至"乳臭未干"，迟迟不肯放手，或者在"分权—收权"之间摇摆不定，两代人的关系也随之起起伏伏，最后不仅没有培养好二代，甚至导致他们丧失了继承企业的信心和兴趣。而外人看到的则是"休闲的二代、忙碌的一代"，七八十岁的老一代企业家还像年轻创业时一样忙得连轴转。

这类情况方吾校见得多、看得多了，心里也想得多，最后也"想得通、想得开了"，他生动形象地凝练出了"四个早"："早放手，企业才能做得久；早放权，企业才能走得远；早放心，企业才能创新；早让位，自己才会津津有味。"这四句"方氏家族传承名言"比当前经典教科书中的理论还要入木三分。

就在李强副书记调研胜达后不到半年，2013年1月28日，恰逢公司创建30周年，方吾校在老家河上镇胜达大会堂举办了非常隆重的仪式。他和妻子瞿新亚郑重地将象征权力传承的信物——一个重达500克的"金印章"交给儿子——"掌舵人"、新任集团公司董事局主席方能斌；同时，将象征打开市场大门的"金钥匙"交给了女儿——"掌门人"、新任上市公司总裁方聪艺，将象征监督传承的"金尺子"交给了儿媳——"掌控人"、新任集团公司监事局主席沈蕾。

方能斌知道，父亲要以一个公开的方式将自己推到前台，但是他绝对没有想到的是，父亲会以这种极为"高调"、具有巨大"广而告之"效应的方式推出。方吾校举办如此隆重的交接班仪式的初衷，就是向公司上下、合作伙伴、政府部门及全社会宣布，自己退休、子女接班已经是"板上钉钉"的事情了，以此彻底断了交接班双方的退路：既杜绝了自己将来"再度出山"的可能，同时也堵上了二代承受不了压力而卸下重担的退路。

当沉甸甸的印章交到"掌舵人"、新任集团公司董事局主席方能斌手里的时候，他暗暗下定决心，"虽然我在企业里工作这么多年，仍然觉得责任在肩"，父母看着自己，妹妹看着自己，6000名员工看着自己，"中国包装大王"的名号能否在自己手上再创辉煌？如果"跟父亲掌舵的时候比，没有发展和提高，对社会没有回报，大家会失望，我自己也会有违社会的信任"。

这一年，方能斌41岁。

四、"三个五年"，稳扎稳打

方吾校认为自己这辈子最大的成果，一是创办了一个胜达集团，二是培养了一对子女。一说起这两件事，他便得意起来，像在田间地头喜获丰收的老农。方吾校对自己儿女的严厉和高要求，在萧山企业家圈子里可谓尽人皆知。为了培养一对儿女，方吾校制定了系统的培养方案，尤其对儿子方能斌，可以说"用尽了心思，下足了功夫"。虽然方吾校对接班人选持开放态度，在他看来，儿子、女儿、儿媳、女婿，甚至职业经理人皆有可能成为候选人，但是，当父亲的自然是对自己的儿子寄予厚望。

方能斌曾经问父亲："你怎么给我定位？"方吾校故意对儿子用了激将法："你不接班的话，你妹妹接。"方能斌马上回答："我接，我接。"既然儿子有接班的意愿和信心，那么接下来就是如何制定和实施接班人培养方案，为此，方吾校为儿子制订了三个"五年计划"，即"做五年、学五年、教五年"，前后整整十五年。

第一个五年是"做五年"。1989 年，刚刚高中毕业的方能斌就一头扎进了纸箱生产车间。他最初想去开车，但方吾校说服儿子先进入生产第一线。在纸箱生产车间里，方能斌跟着工人们一起摸爬滚打，每天要做满 10 小时，一干就是两年多。在这两年多时间里，方能斌从头到尾对产品的整个生产过程了如指掌，同时也深切地体会到一线工人的辛苦。

接下来，他开始在全国跑运输，先跟着老师傅跑，一段时间后就可以独当一面了，一个人开着大货车与各色人等打交道，遇到前不着村后不着店的时候，就蜷缩在狭小的驾驶室里睡一宿，这一干又是两年多。这就是方吾校锻炼儿子的第一个五年——"做五年"，经过这五年，方能斌不仅深入了解了企业一线实际，更锻炼了毅力，磨炼了意志。

第二个五年是"学五年"，是方吾校对儿子言传身教的五年。1994 年开始，他把儿子贴身带在身边，让儿子"用心看、用心学、用心悟"。方能斌给父亲当起了专职司机，不分节假日开着小车，跟着父亲辗转上海、苏州等地。

到了目的地，别的专职司机的任务就完成了一半，老板开始谈业务，自己就能休息，可方能斌的任务才正式开始，他还要继续当方吾校的兼职秘书，帮老爸拎公文包，紧紧跟在老爸身后，一起拜会客户，洽谈业务，熟悉营销知识，学习谈判技巧。显然，第二个五年更加辛苦，不仅要干体力活，还要干脑力活，当然，方能斌的收获更大了，视野也更加开阔了。

第三个五年是"教五年"。1999 年以后，方能斌面临的压力更大，方吾校让儿子当自己的副手，"锻炼怎么管人、怎么做事"，是"手把手"教儿子的五年。在企业内部，方能斌要实施"包公式"的管理，尝试独立管理业务单元；对外，则要面对面和客户直接打交道。在这个过程中，方能斌开始发现自己的短板和不足，通过和父亲不断地交流和互动，他有意识地学习父亲的为人处事风格：举手投足务必稳重，说话必须铿锵有力，看人看事力求透彻。

1999 年，方吾校投资 1.9 亿元，征地 168 亩，在萧山经济技术开发区打造第三个生产基地。方能斌每天工作 12 小时，带领团队仅用 8 个月时间就完成了场地平整、厂房建设、设备引进、生产调试，并顺利投产，为国内包装行业打造了一个"样板工厂"，从而被同行誉为"包装王子"。这就是第三个五年——"教五年"，经过这个五年的历练，方能斌已经能够独当一面了，开始在肩上扛起了二代承担的重任。

经过了"三个五年"的历练，方吾校开始让儿子冲在最前面，他主动交出了特定事业部的重大决策权，让儿子最终来拍板。方吾校应老家河上镇领导的一再要求，在河上工业园征地300多亩，筹措资金成立化纺公司，跨行进入纺织行业。他就是要看看，"纺织行业能否在方能斌手上做起来"。

2002年，集团订购的比利时纺织设备还未交货，我国被美国以反倾销名义征收高额关税，面临着成品还没有生产出来，出口就受阻的困境。方能斌带领团队与设备生产商展开了艰难的谈判，退掉原先订购的12台气流纺纱设备中的6台，300台喷气织机中的100台，尽最大可能降低损失。

雪上加霜的是，接下来国内又遭受了"非典"疫情的冲击，2004年，方能斌果断将剩下的100台喷气织布机也全部租了出去。但是，还剩下的6台气流纺设备由于缺乏关键配套设备，产能没有达到预期目标。咨询了所谓"专家"的意见后，方能斌决定再投入1亿元资金购买配套设备，但由于"遇人不淑"，采购回来的配套设备型号仍然属于低端的劳动密集型产品，导致设备投产后连年亏损。

陌生领域、疫情冲击、所托非人，一个又一个的困难接踵而至，方能斌咬紧牙关顶住，到了2005年，化纺板块终于实现了盈亏平衡，略有盈余；2007年，公司终于取得了较大盈利。最终，方能斌在巨大的压力面前证明了自己，经历了经济发展的周期，渡过了行业与市场的难关，最重要的是经受住了父亲对自己的考验。

方能斌把自己一路走来的经历概括成个人成长的三个阶段。

第一个阶段，二代基本就是学习第一代的经验，"一板一眼按照一代的要求做"，对应着他的第一个五年和第二个五年。

第二个阶段，二代要意识到自身经验仍然是有限的，因此，"如果有自己的想法，必须积极和一代沟通，但无论结果如何，最后仍然要服从一代的决定"，这一阶段相当于他的第三个五年。

第三个阶段，第一代和第二代进入"共治时期"，但决策结构仍然是"一代为主，二代为辅"。二代开始形成自己的判断力和决策力，一些重大决策开始两代人一起商量着办，但要充分尊重一代的意见。这一阶段，二代与创业元老的关系也开始发生质的变化，"以前我听你的，现在你要听我的"，老臣的角色从长辈、上级逐步变成了下属。第三阶段从2004年前后开始，一直延续到2013年1月传承大会召开，前后持续了9年左右的时间。

方能斌认为，二代接班要做到三个"认"：第一个是"社会要认可"；第二个是"父辈要认同"；更重要的是第三个"认"——"自己要认准"，生活中肯定要尊重和孝顺父亲，但是两代人在工作上存在矛盾很正常，不可能事事都能达成共识，二代必须有自己的主见。

"如果全部听一代的，等于没传承，自己认准的事情，一定要坚持到底。"当前技术迭代和行业变革加速进行，年轻一代对未来发展方向的研判会相对更为准确，不能因为老一代反对就轻易放弃，如果二代始终没有形成自己的判断力和决策力，即使表面上企业发展顺风顺水，交接班也没有在真正意义上完成。

当然，二代也绝对不能认为"真理掌握在自己手中"，就一味采取机械、生硬的方式，迫不及待地全部照着自己的想法去干，这势必会造成两代人之间关系的紧张，甚至引发一些激烈冲突。因此，接班人如何在交接班的不同阶段，对自身在企业决策过程中的"角色和地位"进行动态定位，尽最大可能提升自己的沟通和协调能力，协调好与一代及创业元老之间的关系，是交接班顺利向前推进的非常关键的一点。

五、一代放手，二代成熟

常言道："老子英雄儿好汉。"但是，投资大师巴菲特对此持否定态度，他认为，企业家在下一代子女中选择接班人"无异于2000年悉尼奥运会上的游泳冠军，培养自己的孩子，让其参加2020年东京奥运会，还能够获得冠军吗？"他自己也确实没有在两儿一女中寻找接班人。古今中外，有太多的成功父亲培养出了"失败"的儿子，即使儿子骨子里是一个"真好汉"，往往也未能避免这样的结局。

一个很重要的原因是，父子冲突是一道两代人之间很难跨越的鸿沟。在华人社会里，成功企业家往往会被"神化"，久而久之，无论男女，连企业家本人也习惯于被人当作神一样供奉着，企业中不容置疑、说一不二的行事风格也自然而然地带回家中，甚至完全取代了原本父亲、母亲的角色。在二代成长过程中，建立自己的功勋、打造自己的权威，本身就是一个必须完成的任务，是一个必须履行的使命。

由于两代人出身、经历和视野的不同，在观点、态度和行为上的差异不可避免，双方在一定范围和一定程度下产生矛盾和冲突也属于人之常情。然而，在威严父亲咄咄逼人的雷厉攻势下，子女即使是胸怀抱负，也只能无奈地步步退让，在公司没有存在感，得不到应有的尊重，最终塑造出的是一个表面温顺但内心压抑的二代接班人。

大致上，可以把一代企业家的离任方式分为四种类型：君主型、将军型、大使型和总督型。君主型企业家拒绝离任，甚至从不考虑离任，如果立了"太子"，那太子得老老实实地做乖儿子，否则不仅可能被废，还要被骂"品行不端、僭越违制、威逼朕躬"。作为君主型企业家的接班人，必须坐得住冷板凳，因为一代退场的日子遥遥无期。

第二种是将军型——交权流于表面，实际上继续控制企业。他们可能很早就任命二代为总经理或者董事长，同时也给自己留了一官半职，例如挂一个董事名头，但在员工眼里仍然是背后的"掌舵人"。这类企业家平时一般不说话，但是一旦发声，不是要推翻二代的决定，就是二代董事长、总经理的位子堪忧了。

第三种是大使型——当好企业的顾问或代表，他们或为二代充当智囊，或走访企业重要客户，或对接政府部门，仍然在为企业默默奔波，但从不喧宾夺主，可以说"做了好事也不留名"。

第四种是总督型——彻底断绝与企业的关系。他们全身心拥抱新的生活，或著书立说，或热心公益。既然人生已经翻过一页，又何必沉迷不舍呢？

二代们当然希望一代是大使型或总督型，但根据相关研究，国内超过 60% 的第一代企业家选择了君主型或将军型的离任方式。显而易见，在第一种和第二种离任方式下，子女的接班难度要远远大于第三、第四种离任方式。方能斌非常幸运，他的父亲方吾校选择了第三种——大使型方式，并且自始至终、不折不扣地予以执行。方吾校懂得放手，也舍得放权："早放手，企业才能做得久；早放权，企业才能走得远；早放心，企业才能创新。"

2002 年底，胜达集团销售总额首次突破 10 亿元，账面上留下了 1.5 亿元的现金。当年，恰逢萧山经开区管委会下属的金马饭店挂牌出售，这是一家五星级酒店，开业才刚满 5 年，离萧山火车站（现杭州南站）不远，可以算是黄金地段，方吾校对收购金马饭店产生了浓厚兴趣。经过前期协商，双方将收购价格敲定在 2.8 亿元，这是一个令人心动的价位。作为企业创始人、大股东和董事长，方吾校具有足够的权威，在企业中可谓是一言九鼎，完全可以一声令下将金马饭店收入囊中。

但是，此时他深刻地认识到，儿子迟早要参与重大决策，将来集体决策机制终将会取代原有的"一言堂"。因此，方吾校将收购金马饭店事项提交至集团高层办公会议审议，由包括自己和方能斌在内的 8 位高管一起集体讨论。会上，方吾校的意见一开始得到了多数高管的支持，但方能斌认为，总体看纺织行业更加具有发展优势，而一位高管认为酒店业是一个陌生领域，于是站在了方能斌这一边，剩下的 4 位高管并没有表态。

会议一时陷入了僵局，这是从来没有在胜达出现过的场面。这有些出乎方吾校的意料，若要按照以往，方吾校肯定是起身"一拍桌子说了算"，但是如今，他要把企业战略决策权下放给方能斌，毕竟"老子迟早还要听儿子的"，早一天放权，儿子就多一天历练；早一天放权，交接班就多一分从容。最终，胜达集团退出了对金马饭店的收购；2 年后，金马饭店被南京金陵饭店以 5.3 亿元的价格收购。

虽然，方吾校也一度后悔自己没有坚持，失去了一次向第三产业转型的机会，但这个情绪并没有支配他多长时间。他不断调整心态，"可能金马饭店不属于胜达，可能我命中注定要劳累"；他不断地提醒自己，孩子长大了，有自己的想法很正常，迟早要参与重大决策，两代人之间发生观点分歧不可避免，一代一定要有良好的心态，学会包容二代，所谓"收得住脾气，留得了福气"；同时，他也不断地告诫自己，当前阶段最重要的事情莫过于锻炼儿子，让儿子早点去承担责任，即使企业发展的步子慢一点也是值得的。

正是抱着这些想法，方吾校会用宽容的眼光看待二代的选择和犯下的错误，甚至主动地提供一定的机会和空间，鼓励二代去试错，在大方向确定的前提下，有意识地让二代去"游游泳""碰碰壁"。

方吾校明白，不是所有的知识通过一代的言传身教就能明明白白地传递给二代，即使一部分知识能够通过言传身教的方式来传递，但通过"试错"的方式，让二代从自己犯下的错误中去汲取经验，收获会更加深刻，知识的"内化"程度会更高——所谓"纸上得来终觉浅，绝知此事要躬行"。

方能斌生性耿直，回顾自己的接班之路，他认为自己是踩了一个又一个的坑过来的。"现在回过头再想，犯错也是好事情，你不去碰壁，就得不到教训。碰了壁，经过了痛苦煎熬，体会过了辛酸苦辣，就知道自己回头了。""如果开始的时候一帆风顺，走到后面也免不了遇到挫折，这是肯定的。挫折经历得多了，遇到问题会考虑得更为周全，思维也会变得更加开阔，这也是肯定的。"

方聪艺从对外经济贸易大学毕业后，并没有直接回到父兄身边工作，而是在一家进出口贸易公司干了近两年。2007 年 6 月回到胜达后，方聪艺从基层干起，依次担任了采购、营销、产销、上市公司总裁 4 个岗位，"一步步被逼着成长，使命感也一天天深厚"。

尤其是干过营销岗位之后，方聪艺更是深刻地体会到父兄一路上的种种艰辛，她也逐渐磨去了棱角，磨炼了毅力，成长为方能斌的左膀右臂，一起打造方氏家族的"创二代"团队。方吾校的儿媳妇沈蕾，原先是湘湖师范附属小学的一名教师，在有了两个孩子之后，也全职加入了企业，担任了集团公司的监事局主席一职。

2013 年 1 月传承大会之后，在胜达集团的战略决策制定过程中，一代和二代的角色就倒过来了，形成了"二代为主，一代为辅"的结构，二代终于有了足够空间来施展自己的判断力和决策力。但是，这并不意味着二代可以马上把一代撒开，对一代的意见不闻不问。方能斌遇事还是会和父亲多商量，制定决策时仍然会考虑父亲的想法，照顾父亲的感受。在大部分情况下，两个人的想法都能够取得一致，这时就"马上去做，加快去做"。

以方能斌为核心的接班团队适时对集团战略进行了调整，概括成三句话就是"实干兴企，创新强企，金融助企"。首先，加快工厂的数字化改造，2019年3月，占地120多亩的萧山大胜达包装数字工厂项目顺利投产运营，通过物联网、云平台等，实现了从订单下达到物流配送的全流程智能化管理，将车间人员从以往的400人减少至80人，原材料库存周期从45天降至12天，生产周期从2~7天缩短为2~7小时，成功入选了工信部第一批工业产品绿色设计示范企业，可以说，在纸包装行业全世界找不出第二家胜达。

其次，将产业链拓展至产业链上游的设计服务领域，实现了从传统单一制造企业向服务型制造企业的升级。2021年1月，胜达联合北大信研院联合实验室推出人工智能（AI）包装设计师"小方"和AI包装云设计平台，为客户提供从设计到生产的一站式个性化定制服务，打造一流的包装印刷综合解决方案供应商。

最后，2015年，大胜达通过私有化方式从美国纳斯达克退市；2019年7月，公司回归上海证券交易所，在主板挂牌上市，为集团未来的兼并重组提供了一个优质平台。

也有一些时候，方吾校会坚持自己的意见，在特定时候甚至非常"固执"，此时，方能斌团队在把握主动权的前提下，适度放慢决策节奏、减小动作幅度，"化改革为改进，不是停下来不做，而是慢慢做"。遵循这种"慢工文火""小步慢走"的原则，方能斌适时调整决策力度和实施进度，在一个个看似"折中"的决策中，不断推进企业稳步向前发展，同时，又能够将两代人之间的摩擦控制在一个较低水平上。

其中，创业元老的岗位调整及去留是两代人之间最难达成一致的问题。一些创业元老从1983年创业伊始就跟着方吾校一起打拼，建立起来的感情已经远远超出了上下级关系，方吾校对自己的老臣们可以说是"爱护有加，保护到底"。

方能斌对元老们予以充分尊重，有时候还"哄着他，放低姿态向他们'汇报'"。如果经过培训、考察学习等一系列努力之后，创业元老的能力和意识还是难以提升，方能斌就采取柔性化的"双轨制"，充分保障他们离职或退休后的个人待遇。例如，元老从核心管理岗位上退出的，第一年可以担任企业顾问，原有待遇可以保留100%，逐步实现核心管理岗位的平稳交接，这个过程持续了近五年时间。

渐渐地，方吾校从企业的行政大楼"消失"了，有企业高管来找他请示汇报，也都被他直接打回去，让他们直接向二代们汇报，他偶尔出现在公司，也主要是为了接待各级政府领导和社会各界的视察参观。看着方能斌带领的二代团队很争气，里里外外也都很认可，方吾校开始安心当起了企业的"大使"：对内是企业的顾问，对外是企业的形象代言人。

对内，他应上级组织要求，留任集团党委书记，这也是为了避免自己"一下子退了，可能太空虚，要弄点事情来做"，也是一家民营大企业意识形态教育所必需的。一直以来，他以党委书记的名义，在整个集团公司范围内坚持召开高层、中层、基层干部三级代表民主座谈会，关注员工思想，倾听一线员工的声音，为集团提供咨询建议。由于下属工厂分布在全国各地，最远的坐落在新疆阿克苏，方吾校一年到头在外面跑得不亦乐乎——"我在外面15家工厂跑下来，刚好回来过年。"

截至2023年，方吾校家族成员结构及任职情况如图2-1所示。其中，正方形代表男性成员，圆代表女性成员。

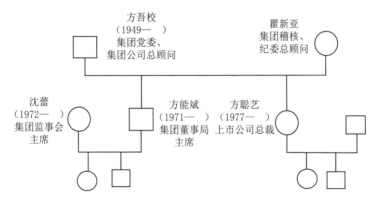

图2-1　方吾校家族成员结构及任职情况

对外，方吾校对接上级党委和政府部门，是公司最合适的形象大使。同时，方吾校还是连续六届杭州市人大代表，连续七届萧山区人大代表，连续十四届河上镇人大代表，退下来以后，他将"兼"职干成了"专职"，2020年当选杭州市"最美人大代表"，2021年，他的个人事迹被集结成专著出版——《浪卷千堆总向前——人大代表方吾校的"三公三志"情怀》。

2023年1月28日，在集团创立40周年的庆祝大会上，方吾校宣布正式卸下集团党委书记的职务，进一步淡出企业。在40周年庆祝大会举办后不到两个月，方能斌又召开了"集团荣誉特聘大会"，聘请方吾校担任集团党委、集团公司总顾问，聘请瞿新亚为集团稽核、纪委总顾问，接班人团队向两位创始人郑重承诺，必将不负嘱托。

为了感谢方吾校、瞿新亚两人把一生的精力和智慧都毫无保留地倾注在胜达的发展上，会上集团向方吾校赠送了一头金牛，上面书写了"胜达大山"四个字，旨在肯定并感谢他"仁者爱山使命在"；向瞿新亚赠送了一条金龙，上面书写了"胜达泉水"四个字，旨在肯定并感谢她"智者爱水有初心"。"集团荣誉特聘大会"既是对两位创始人四十年奋斗不息历程的致敬，也是以方能斌为核心的二代接班团队对父母的一片孝心。

六、家族治理，任重道远

方氏家族第一代向第二代的传承已至尾声，除了方吾校手中尚有股权有待进一步明确之外，可以说整体上近乎大功告成，交接班已经得到了家族、企业、政府乃至社会的全方位认可。

方氏家族一、二代之间的传承，属于从所有者控制型企业过渡到兄妹合作型企业。在所有者控制型企业阶段，在企业进行重大决策时，方吾校几乎说一不二，他不仅是企业创立者、所有者、控制者，还是企业的精神之父。在兄妹合作型企业阶段，企业重大决策由以方能斌为首的兄妹团队集体做出，兄妹俩自小在一个原生家庭中长大，在父母的长期言传身教下，共享家庭核心价值观，又因为六岁的年龄差，两个人具有天然条件进行频繁的互动和持续的沟通，从而能够以较低的成本达成共识。

截至 2022 年，方吾校、方能斌、方聪艺主要持股情况如图 2-2 所示。

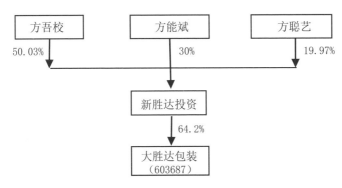

图2-2 方吾校、方能斌、方聪艺主要持股情况（2022年）

一晃 33 年过去了，方能斌也年逾 50 岁，从一个毛头小伙成长为一个老成稳重的大型企业集团掌舵人，企业的第二次传承，即培养第三代接班团队已经刻不容缓。目前方氏家族一共有 4 位三代家族成员，方能斌与方聪艺各有一儿一女，其中最大的已经 27 岁，未来可能会陆续持有股份或入职企业。如果方氏家族仍然在家族内部寻求接班人，即在第二、三代之间实现传承，则属于兄妹合作型企业向堂 / 表兄妹合作型或大家族合作型企业过渡。

相对于民营企业的第一次传承，第二次传承的难度会倍增。原因在于，在第二次传承中股权可能进一步分散，第三代家族成员的身份也会趋于多元化，家族成员从二代单一的"所有者+管理者+控制者"角色，可能进一步分化为包括"所有者""所有者+管理者""所有者+控制者""所有者+管理者+控制者"，以及一般家族成员等多种角色。所谓"屁股决定脑袋"，不同角色身份有不一样的诉求，第三代家族成员之间要维系方能斌、方聪艺这种"兄妹之情"的难度将大大增加。

更重要的是价值观的碰撞。第三代成员由堂/表兄妹构成，出生在不同的原生家庭，随着血缘关系的稀释、沟通频次的减少、价值观的多样化及利益的多元化，彼此之间形成共识的成本会越来越高，大家族成员之间爆发各类冲突的概率也越来越大。

东南亚华人企业的发展历程表明，能够成功传承到家族第三代的企业是少数，大多数企业到了第三代手里，或者丧失了控制权，或者走向分崩离析，或者由大家族中的某一"房"获得了控制权，企业重新成为所有者控制型企业，但这个过程中，很可能发生以牺牲家族亲情为代价的大规模纷争，最后不得不修剪"家族树"。

由于上述原因，企业在第二、三代之间的传承过程中，家族治理的重要性比第一、二代之间的传承要重要得多，当然，家族治理的难度也不小。所谓家族治理，是指为了家族和企业的长远发展，用于规范家族成员之间关系，以及家族与外部利益相关者之间关系的一系列制度安排。

民营企业往往熟悉公司治理，那是用于规范企业内部各个要素所有者（股东、管理层、员工等）之间关系，以及企业与外部利益相关者之间关系的一系列制度安排。如今要花费更多的精力在家族成员的利益协调和家庭教育上，甚至需要有德高望重、没有私心、充满爱心的某一位家族成员来组织更多的家庭活动，安抚家庭成员的情绪，树立一致的家族目标，培养一代又一代合格的股东，灌输家族的核心价值观念。担任这样的家族情感 CEO，女性往往具有得天独厚的性别优势。

家族治理既包括显性的正式的制度，也包括隐性的非正式制度。当企业处于第一代向第二代传承时期，家族治理主要表现为家族文化、家族价值观、家族愿景等非正式制度，比如家风、家训、家规，以及家族成员之间的口头约定等；当处于第二代向第三代传承时期，正式制度起到的作用越来越大，包括家族委员会（家族会议）、家族办公室这样的家族机构设置，也包括"家族宪章"、家族议事规则这样的具体文本、民事约定。

当然，家族治理中的正式制度不完全都具有法律效力，因此，家族治理的根基仍然是家族文化等非正式制度，它为前者提供了存在的土壤，并决定了其发挥作用的空间。

方吾校夫妇已经为方氏家族治理做了铺垫，一些做法可以称得上是"教科书式"的。在规范核心家族成员之间关系方面，方吾校在 1983 年创办大桥包装厂之初，就和妻子瞿新亚约法三章："第一，企业里我要做的事情你不能推翻；第二，企业财务上你不能干预；第三，家里的事情你说了算。"在妻子无条件答应这三条之后，方吾校才允许妻子从大桥乡建筑队离职，回到自家企业担任车间主任，一直负责企业内部的生产管理。

瞿新亚低调而务实，"到车间里看一眼，就能发现存在的问题"，她一直站在幕后默默地支持着自己的丈夫。她曾经担任集团纪委书记一职，也从来不在公开场合与方能斌意见相左。母亲的这种风格也深刻地影响了女儿方聪艺，一回归家庭，方聪艺就会马上放下身段，从一个"霸道总裁"转变为一位温柔的女性，承担好妻子和母亲的角色。

在处理与规范和兄弟姐妹等人的关系上，方吾校既做到照顾同胞亲情，又避免他们过多参与企业经营。

方吾校有兄弟姐妹五人，他排行老三，上有哥哥和姐姐，下有弟弟和妹妹，但没有一个兄弟姐妹及他们的子女在胜达集团担任职务，也没有一个人持有集团股份，从一开始就规避了家族成员在所有权、管理权上可能出现的纷争，为交接班创造了良好的家族内部环境。在与兄弟姐妹的人情往来上，方吾校遵循"一次性资助"原则，即对兄弟姐妹的创业、房产购置和婚丧嫁娶等活动给予一次性的资金支持。

例如，方吾校先后以个人名义一次性资助哥哥和弟弟投资办厂，弟弟的钢构公司还用了"胜达"的商标，但方吾校不占该企业的股份；他还一次性出资给姐姐和妹妹造房子。即使对女婿，方吾校也是秉持这一原则，2002年他个人出资1500万元，以女儿嫁妆的形式，资助女婿进入精细化工行业，允许他使用"胜达"品牌，但在股权上和胜达集团也不存在任何关系。

方吾校还为家族立了一条看似不近人情的家规：坚决不对外担保，无论是对长期商业伙伴，还是对兄弟姐妹名下的企业。方吾校的弟弟曾经要求方吾校为其钢构公司做担保，但是方吾校考虑再三，最后还是拒绝了。这一看似冷冰冰的原则，确保了方吾校独立于"互保链"之外，实际上成为胜达集团防范化解金融风险，实现长期平稳发展的"压舱石"。

方吾校家族还设立了"家庭日"，坚持每周例行的家族聚会制度。每周当中有雷打不动的一天，老中小三代家族成员都会推掉身边的所有事情，轮流到方能斌或者方聪艺家中一起聚餐。家族成员在"家庭日"里广泛交流，但这一天通常不谈工作上的事情，主要目的是增进家庭成员之间的沟通，提升彼此之间的亲密关系，在润物细无声中，源源不断地培育方氏家族的"家族情感财富"。

上述方氏家族治理的具体制度安排，一些是方吾校和妻子共同创业的时候就形成的，一些是一代和二代在交接班过程中形成的，一定意义上还属于"自发"阶段。

当前，方氏家族面临着第二代向第三代传承的历史使命，相较于第一代向第二代传承，难度要大得多，对家族治理的要求也高得多，方氏家族也需要从"自发"阶段跨越到"自觉"阶段，对家族治理的相关制度安排进一步具体化、制度化和系统化，本着未雨绸缪的"治未病"精神，对各种不利于家族和企业长治久安的问题进行充分讨论，提前布局，为各类可能出现的矛盾提前确定议事规则。

家族治理的基本精神，就是面对家族内外出现的变化和挑战，在家族成员之间不断达成共识。在成为百年家族企业的征程中，内部一直会有"分"与"合"两股力量。一个人走得快，但一群人会走得更远。唯有在观念上始终坚信"我们大于我"，在制度上确定并良好执行了家族规则，有效协调股东、高管、一般成员等各类具有不同身份的家族成员之间的复杂关系，才能行稳致远。

接下来，方氏家族需要逐步将大家族目前还不明确的东西明晰化，包括：需要具备什么条件和经历的后代成员能够进入企业，以及担任集团以及下属企业的要职？怎么样的后代成员能够继承家族股份？是否设定家族成员手中股份流转的约束条件？如何构建家族成员之间矛盾与纠纷的调解机制？

此外，还要解决如何打造家族与企业之间的防火墙，通过设计家族信托等架构来隔离风险，避免稀股争产，既保障所有家族成员的经济利益，又防止企业因为家庭不和而导致旁生枝节等一系列问题，从而为方氏家族基业长青提供强健的家族基因。

资料来源：

方吾校实地访谈，2021年7月。

方能斌实地访谈，2021年8月

方聪艺实地访谈，2021年7月。

胜达集团高管实地访谈，2021年7月。

企业补充访谈材料，2023年3月。

《志传:中国包装大王诞生记》(内部资料)，方吾校，2013年。

第三章

独生女儿半路空降，父女协力平稳传承

智兴集团"女儿半路接班"传承案例研究

🗨 案例导读

1. 外部空降的二代接班人如何获取自身的权威？

2. 一代创始人如何做到对二代彻底放权？

3. 一代创始人如何潜移默化地实现家族文化传承？

4. 家族治理如何做到"简约明了"？

　　浙江智兴集团的创始人沈加员是萧山甘露乡（现靖江镇）协谊村人，1948 年出生在一个贫困家庭，一年到头，家里总是入不敷出，解决不了基本温饱问题。

　　为了改变家里的经济困境，沈加员 13 岁就开始参加生产队劳动，凭借着自己的聪明才智和踏实肯干，一路从生产队会计做到副村主任、村党委副书记，再做到村办企业厂长、乡办企业厂长。1995 年，沈加员从一家资不抵债的乡办印染厂起家，一步一个脚印，最终创立了一家集印染、热电、房产、农产品、外贸、实体投资于一体，总资产超 10 亿元、员工近千人的多元化企业集团。

　　沈加员的独生女儿沈国琴最初并没有准备回来接班，她在卫生系统工作了 14 年，一路上从护士、护士长做到办公室主任，为了减轻父亲肩上的担子，中途下决心回来接班。从 2004 年沈国琴回到企业，到2013年沈加员基本退出集团重大决策，父女两代人用了不到9年时间，就基本完成了平稳交接，成为萧山民营企业家群体中公认的传承典范。

放眼萧山民营企业，虽然智兴集团不属于发展最快、规模最大的，但肯定属于发展稳健的。用沈国琴的话来说："我们父女俩搭档还是比较好的，智兴可能没有走大步，但是也经历了风风雨雨，最后还是挺过来了。"沈加员则谦虚地认为："智兴也只是马马虎虎过得去，不算成功，传统制造企业的交接班是一件比较平淡的事情，好像走路一样，就这样一步一步走过来了。"但恰恰是"平淡"二字，可以说是对沈氏家族成功交接班的最准确描述。

一、勇当"救火队长"，敢接"烫手山芋"

沈加员出生于1948年，经历过"吃不饱，穿不暖"的年代，为了维持一家人的生计，他很早就萌生了创业的想法，初衷也十分朴素——"天天赤脚走路，能不能有一天把鞋子穿上？"他文化程度不高，没有接受过像样的教育，小学一毕业就到生产队挣工分了，但是他天分极高，"三位数的乘法也能信手拈来"。由于沈加员对数字有超乎常人的敏感度，1980年，他兼任生产小队会计，因为工作表现出色，后来又被调到生产大队当会计。

借着改革开放后干部队伍建设"四化"——"革命化、年轻化、知识化、专业化"的东风，1984年，沈加员升任为协谊村副村主任，后又担任村党委副书记，分管村办工厂。如果说当会计凸显的是沈加员出色的专业水平，管理村办工厂则展现了沈加员过人的经营管理能力。俗话说，"火车跑得快，全靠车头带"，在沈加员分管之前，村办企业连年亏损，几乎是甘露乡下属几个村中业绩最差的，沈加员上任之后，对企业进行了大刀阔斧的改革，企业很快扭亏为盈，一跃成为甘露乡业绩最好的村办企业。

沈加员把村办企业搞得风生水起，名气渐渐地在方圆十里八乡中传开，也引起了甘露乡相关领导的关注。古人云："千军易得，一将难求"，这样的人才一定要派上大用处，要给他一个更大的战场去施展才干。当时，乡里最大的一家企业——化纤厂长期经营不善，产品堆积在仓库里销售不出去，卖出去的产品又收不回货款，乡里派沈加员去当"救火队长"，期盼他能带领企业走出困境。

说实话，当时沈加员接到任务也有不少思想顾虑，担心自己"没有这么大的本事"，没法子让这么大一个厂子"起死回生"，但是，凭借着萧山人骨子里流淌着的不服输精神，沈加员最终还是接手了这个厂子。1988年，沈加员上调乡办化纤厂，他从厘清内部管理入手，分阶段调整了经营班子，通过优化产品、盘活资源、畅通渠道，实现了管理、生产、销售几个环节的有机联动，一段时间后，企业发展逐渐步入了正轨。

在担任化纤厂厂长期间，沈加员还去另一家陷入严重亏损的乡办企业——印染厂当了一年的"救火队长"，他把工厂里里外外都理顺了后，又回到了化纤厂。

在乡镇企业不断"救火"的过程中，沈加员终于等来了属于自己的机会，也迎来了更大的挑战。在国家经济体制改革进一步向纵深推进的大背景下，1992 年 11 月，萧山市委发布了《萧山市乡镇企业股份合作制试行办法》（市委办〔1992〕97 号），开始对乡镇企业试点进行股份制改造。1993 年 11 月，萧山市委又发布了《关于完善企业股份制有关政策的补充意见》（市委办〔1993〕77 号），实施乡镇企业向私营企业的转制。

当年沈加员帮扶过的印染厂在他离开了一年之后，由于继任厂长经营不善，又重新陷入了困境，被靖江镇（1992 年 5 月，甘露乡并入靖江镇）作为第一批改制的目标企业，拿出来向全社会公开拍卖。

这家印染厂的拍卖底价是 730 万元，企业的负债有 1250 万元，即便把工厂所有资产设备全部卖掉，也卖不到 700 万元，这意味着一入手就亏损 500 多万元。因此，当时靖江的"大佬"们，都在一旁默默地充当"看客"，没有一个人敢接下这一个"烫手山芋"。靖江镇的书记和镇长一起动员沈加员，希望他能站出来接手这个烂摊子，有什么要求都可以提。

在镇里领导的再三劝说下，沈加员有点难为情了，决定接下印染厂这个"烫手山芋"。由于当时还没有竞拍机制，沈加员只提了一个要求——签合同的时候，靖江镇的办事人员必须在场做见证。两天以后，在靖江镇领导班子成员等 13 人的共同见证下，沈加员签下了合同，这一年是 1995 年。

此时，沈加员可以说"真的是一无所有了"——破旧的设备、

1000多万元的负债，这就是智兴集团的起点。但是，凭借着多年的乡镇企业管理经验，沈加员驾轻就熟地搭建起一个企业管理的"架子"——用他自己多年来摸索出的一套"土办法"，把工厂的所有操作流程进行标准化、流程化改造。同时，他又通过朋友的关系，采取"付一点、赊一点"的办法，逐步更新了厂里的生产设备。那段时间里，他感觉身上有千斤重担，每天要处理的事情堆积如山、应接不暇，整天没日没夜地跑东跑西、忙上忙下。但他认为："既然把这个担子挑起来了，如果不做好，我在靖江老百姓面前就交代不了，是不是？"

在沈加员尽心尽力的操持之下，印染厂开始恢复生机，不仅在印染行业站稳了脚跟，还进一步拓展到了热电行业，一步一步从单一印染企业发展成为一个横跨不同行业的企业集团，"智兴"成了靖江远近闻名的一块牌子。

二、二代半路接班，五年快速成长

随着第一代创始人年龄的增长，交接班问题日渐成为民营企业一道不得不跨越的坎。从中国的传统文化来讲，"子承父业"无疑是最理想的交接班模式。沈加员也赞同这种观点："民营企业是自己的企业，如果自己人有条件接班，就最好由自己人来接班，女儿能接班也是可以的。"

但是，女儿沈国琴并非从一开始就是接班第一人选。开始时，沈加员把目光投向了家族内的男性成员。首先，他考虑的接班人是女婿，但女婿在体制内工作，有自己的事业，从商的意愿不高；其次，沈加员也想过在沈氏大家族中培养接班人，但没有找到合适的人选，只得作罢。最终，接班的重任不得不落在了独生女儿沈国琴身上。

沈国琴生于 1972 年，生来性格文静，一直是邻居眼中的"乖乖女"。她从小被父亲教导"要读好书，要立大志"，她把教诲牢牢记在心里，学习勤勉不懈，加上自身的天分，从上小学开始，成绩就是数一数二的。小学毕业后，沈国琴顺利地进入了萧山最好的中学；1986 年，初中毕业后她又非常争气地考上了杭州护士学校（现杭州师范大学护理学院）。当年，一个农村子弟能够考取中专学校，意味着可以稳妥地直接进入体制内工作，可谓是"鲤鱼跳龙门"了。

三年后，沈国琴以优异的成绩从杭州护士学校毕业，进入了现在的杭州市第九人民医院（原义盛卫生院）当一名护士，一直在医院工作到 2004 年。可谓是"无心插柳柳成荫"，恰恰是这在医院工作的 14 年，为沈国琴日后回家接班打下了扎实的基础。

那个年代，乡镇卫生院的护理工作还存在不少不规范的地方，一进入工作岗位，沈国琴的专业技能马上就有了用武之地。她规范了护理技术操作规程，理顺了病区护理的管理流程，通过优化各项护理制度，使卫生院的护理工作进一步标准化和系统化。由于工作表现极为出色，在短短一年零几个月后，沈国琴就被提拔为病区护士长。

1992 年，沈国琴组建了自己的家庭，她的爱人毕业于杭州法律学校（现杭州师范大学法学院），在当地政府司法部门工作。1993年，沈国琴生下了儿子。

同年，沈国琴的个人事业也上了新台阶。她被调去医院妇幼保健部门工作后，在一次偶然的工作汇报中，沈国琴得到了一位当时在场的萧山义蓬区卫办主要领导的赏识。1996年，沈国琴所在卫生院与当时的头蓬人民医院合并成立了萧山第四人民医院，这位领导被任命为医院院长，当医院办公室主任位置空缺时，沈国琴自然而然地被选中了。

办公室主任是院领导的左右手，是医院统揽全局、上情下达的关键部门，正是在这个岗位上，沈国琴的个人能力得了进一步的锻炼。她为人沉稳、做事踏实，身上有一股扑面而来的亲和力，再加上女性所具有的共情优势，让她能够更为耐心地倾听与沟通，更加设身处地换位思考，能够在充满人情味又不失原则性的氛围中把任务一步步向前推进。

虽然沈国琴自认为"其实也就是一个弱女子，能力也不是很强"，甚至"一开始就没有想过做管理"，但是，她当办公室主任这几年的工作业绩可谓是有目共睹的，个人能力也获得了医院上上下下的交口称赞。

时间到了2003年，沈加员已经年过半百，然而随着企业的扩张，他肩上扛着的担子不降反增，接班人选也一直没有着落。对于是否让女儿接班这一问题，沈加员一直没有主动开过口。

一方面，让女儿放弃手中安稳的医院行政工作有点可惜；另一方面，毕竟一开始他就没有拿女儿作为接班人培养，对女儿能不能"接得住班"，他也不是很有把握；最重要的是，他不忍心女儿像他一样在重压下过日子，他怜爱女儿，希望女儿的生活品质可以高一点。

沈国琴则从小把父亲的艰辛看在眼里、记在心里，作为唯一的子女，她心疼自己的父亲，尽可能帮助父亲减轻负担的想法从小就埋藏在她心里，并且随着父亲年龄的增长，这一想法变得越来越强烈。"接班也不能太晚"，在一次家庭聚餐中，沈国琴在强烈的责任感驱使下，向父亲主动请缨，"能帮一把算一把"，而这也是沈加员乐见其成的选择，沈国琴就这样成了智兴集团的接班候选人，开始逐步把重心放到企业中。

2004年10月，沈国琴正式辞去医院的工作，全身心投入智兴的工作。初入企业时，沈加员并没有给她安排具体岗位，更没有交代她在哪个岗位工作多久。"隔行如隔山"，企业与医院的差异太大了，但是"既然选择了，就要努力去担当"。沈国琴决定第一步先在印染厂和热电厂"混个脸熟"，她逐一了解各个岗位的职责，熟悉工厂制度流程，清楚机器设备的性能参数，并且把市场也好好跑了一圈。

三个月后，沈加员安排她参加集团办公会议，沈国琴发现每次开完会后大家就散了，没有形成正式的书面会议记录，有时候因为没有完整的会议记录，有些工作会脱节，于是，她就驾轻就熟地干起了办公室主任的老本行，一丝不苟地做起了会议纪要的工作。低调的为人、谦卑的态度、脚踏实地的作风，让沈国琴逐渐获得了企业元老们的认可，也赢得了广大基层员工的称赞。

2005 年，沈国琴顺理成章地担任了集团总经理助理，成为父亲的得力助手；2006 年，她又调到集团的主业——印染厂担任总经理，此时她已经可以独当一面了。在担任印染厂总经理期间，沈国琴逐步组建起自己的运营团队，大力推进主营产品由内销到出口的转型，实现了销售额三年翻番、持续十年增长达两位数。其后，在父亲的"壮胆"和推动下，沈国琴相继开拓了房地产板块，兼并重组了杭州其门堂蔬菜食品公司，进一步实现了集团产业的多元化扩张。

2008 年，沈国琴担任集团总经理，沈加员把企业重大决策决定权交到她手上，至此，沈国琴顺利地完成了从医院到企业的行业跨越，实现了从一个成功的事业单位行政人员向一个成熟的民营企业高级管理者的角色转型。

由于沈国琴并不是首选的接班人，沈加员也没有针对她制订过系统的传承计划，因此，沈国琴可谓是"半路接班"。然而，她从医院初入企业，到快速成长为一个成熟的接班人，基本完成父女之间的权力交接，前后仅仅花了 9 年的时间，相比一般企业，总体上可以说一帆风顺，整个过程可谓是水到渠成、顺理成章。

两代人的交接班之所以比较顺利，一方面在于沈国琴的全身心投入和个人的努力勤奋，作为公司创始人的独生女，沈国琴没有一丝一毫"千金小姐"的做派，每天风尘仆仆地下车间、跑市场，为人质朴又具有亲和力，公司上下很快从心底里接受了她。

另一方面，虽然沈国琴是半路接班，但在进入企业之前有着长达14年的医院行政工作经历，从一名普通护士一路成长为护士长、办公室主任，并且在这个过程中，沈加员从来没有利用他的影响力来帮助过女儿，完全靠沈国琴自己的悟性与努力。

虽然医院行政管理和企业运营管理之间的差异很大，但两者无疑具有一般共性，因为计划、组织、指挥、协调、控制这些要素，无论在哪一种类型的管理中都具有相通性。在医院积累的丰富行政管理经验进行灵活变通，就可以用于企业的经营管理活动之中，使她能够在陌生领域中快速厘清事情的头绪，找到问题的症结所在，从而逐步构建出适合自身且行之有效的内部管控体系。

可以说，沈国琴在医院的长期工作历练，事实上为她后来在企业的交接班打下了扎实的基础，可谓是"无心插柳柳成荫"，她走出了一条既遵循代际传承的一般规律，又符合自身个性和经历的接班之路。

三、一代放权彻底，传承目标明确

在民营企业代际传承过程中，最为关键的，也是不确定性最大的是"两代共治"阶段，这一时期充满了各种变数，时间短则持续数年，长的甚至可持续数十年。在这一阶段中，权力的中心逐渐由一代转移到二代身上，直至一代慢慢退出决策过程。

放眼中外华人家族企业，能够波澜不惊地度过"共治"阶段的企业不多，在短短几年内就能够平稳度过"共治"阶段的可以说屈指可数。现实中，一代不肯放手，仍有万丈雄心，二代纵有满腹才华，却无处施展，只得长期处于"储君"地位的情况屡见不鲜；一代下定决心放权后，二代一旦有失误，一代便迫不及待从幕后重回台前，两代人之间陷入"放权—收权—放权"循环的情况也并不罕见。

在沈加员父女身上，则看不到上述现象。智兴集团在萧山并不是规模最大的企业，但无疑是发展十分稳健的，这与沈加员父女能够顺利度过"两代共治"阶段，基本完成权力交接密不可分。沈国琴进入企业已经18年，父女交接班也接近了尾声。在沈国琴进入企业3年后，父女两人就进入"共治"阶段，并且花费了仅仅2年时间，就由"一代为主，二代为辅"结构，平稳地跨越到"一代为辅，二代为主"结构。

细细分析其中原因，除了沈国琴的全身心投入，以及回归企业之前就积累了丰富管理经验之外，更重要的是沈加员对"一代放权"的开明态度，以及对一代如何放权这一问题的艺术性处理，他不仅舍得放权、敢于放权，更善于放权。沈加员认为，在交接班过程中，一代在把控大局的前提下，"要在二三楼看，而不是到一楼卷起裤子去指点，更不要亲自卷起袖子干。孩子大了，个性强了，要给予二代犯错的机会"。

早在2006年，沈国琴担任印染厂总经理后，沈加员就开始对女儿放手，把集团一些重大项目交给她打理，交接班进入了"一代为主，二代为辅"阶段。沈国琴觉得自己能处理的事情，都独自处理，遇到没有把握的情况，就去找父亲请示。沈加员则充当了一个"驾校教练"的角色，坚持"非必要不干涉"原则："就像开车一样，女儿自己开，我坐在副驾驶，哪怕车子暂时开错了路，也没关系，我可以在适当时候给它扳正过来。"

沈加员认为，"二代大了，个性强了，一代一定要给予他们犯错的机会"，只有让他们亲自上手，在实际经营管理活动中犯过错误，有过深刻的教训，才能真正在风浪中成长起来。

大多数情况下，父女俩都是"心有灵犀一点通"，能够较快达成共识，有不同意见时，沈加员也不会马上拍板下结论。按照沈加员自己的说法，一代在"控大局、把方向"的前提下，要尽可能"在二三楼看，而不是到一楼卷起裤子去指点，更不要亲自卷起袖子干"，有些情况甚至等事后出了问题，再坐下来一起分析原因也不迟。

沈国琴对此深有体会："老爸是比较放松的，捧着茶杯看事情，甚至明明看到你走错了，他也不会马上指出来，更不会驳你面子。我成长得比较快一点，正是因为有了老爸给的试错机会。"

到了2008年以后，沈加员将企业重大事项决定权交给了女儿，交接班进入了"一代为辅，二代为主"阶段。这一时期，沈加员在企业经营决策中，起到的更多是"参谋"的作用，针对某个具体事项，他会把自己的观点与女儿充分交流，但已经不再要求女儿按照自己的想法去做，出现两人意见相左的情况时，最后"拍板"的是沈国琴。

对萧山世纪城房地产开发项目的取舍决断，就是一个很好的例证。当时，沈加员觉得这一项目品质优良，值得全力以赴拿下来，而沈国琴则认为，这个项目的确不错，但是一旦拿下来，给企业带来的压力实在太大了，当下的主要任务还是把主业印染板块做精做强。

父女俩连续几次深入交换意见以后，沈加员最终还是让女儿做主，坦然接受了沈国琴坚守主业的决定。现实的发展证明了父亲的眼光，沈国琴事后一度也很后悔，责怪自己错过了一个高回报项目，如果当初听了老爸的意见，企业肯定会发展得更快。

但是，沈加员对此看得很开，他认为项目投资"好比炒股票，当时想买的时候没有买，现在眼看着涨上来了，再来说这个事情，也不过是后话而已"。他还反过来开导女儿："钱是赚不完的，我们多赚一点、少赚一点，管得好一点、差一点，都是没有必要争论的，只要大方向不要走错就可以了。"

随着两代人交接班进程的逐渐深入，集团的权力中心一点点往女儿身上转移，沈加员参与集团重大决策的次数也越来越少。如今，沈加员早已年过七旬，却依然每天早上先于员工到达公司，别人开车一个小时的路程，他只要45分钟就可以了。

虽然沈加员几乎每天都准时出现在集团办公楼，但基本上算是个"闲人"，主要工作是"炒股看盘"，用他自己的话说，"玩玩的，没有事情干"，等下午股市差不多收盘了，他也就早早回家了。一年下来，他真正参加集团会议的次数只有两到三次，一般情况下，几乎不过问企业具体经营管理状况。

沈加员能够在交接班过程中做到"早放权""真放权"，一个根本原因是他对"两代共治"阶段的企业目标有准确的把握。"做大"和"做久"是民营企业追求的两大基本目标，在大多数情况下，两者并不矛盾，"大而强"往往是在为"稳而久"打基础。

但是，在"两代共治"阶段，两者往往是"鱼与熊掌不可得兼"，一代创始人面临着"做大"还是"做久"的艰难抉择。打一个并不是十分恰当的比喻，交接班就像新手开车上路，保持安全行驶的难度已经很大了，如果在这个过程中，车子还要完成跨沟过坎、急拐弯等动作，操控难度无疑会直线上升。因此，这个时候不仅要避免踩油门，还要适度踩踩刹车，把车子的速度降下来，把内、外部不确定性降至最低水平，从而让两代人能够更加从容地完成岗位交接。

沈加员深知这一点，在"做大"与"做久"两个目标之间，他坚定不移地将重心放在了"做久"上。他认为传承的本质是"确保家业完好无损"，在"两代共治"阶段，首要任务是尽快培养出合格的接班人。

用他自己的话说："传承目的不是要有多少资产，而是要把企业长久地经营下去，绝对不能把企业搞垮了，这是最基本，也是最根本的要求。"因此，虽然沈加员放弃了一些宝贵的机会，企业扩张的脚步看似慢下来了，但是方向盘已经尽早交到了二代手里，女儿的成长速度大大加快了。毋庸置疑，培养出一个具有成熟经营理念和自己领导风格的接班人，是确保企业"走得更稳、走得更远"的关键条件。

沈加员坚定不移地倾向于将企业"做久"，而非"做大"，不仅是对"两代共治"阶段企业主要目标的准确把握，也顺应了女儿的个性和她接班的初衷。

相对于男性接班人在决策上的大胆，女性接班人通常会更为稳健和保守一些。沈加员深知女儿不是一个喜欢冒险的人，当初主动站出来接班，也是出于"心疼父亲，希望能够为他分担""守住家业，不让父辈的心血毁在自己手上"的想法。如果父女俩马不停蹄地"开疆拓土"，辛苦大半辈子的沈加员仍然不能停下来喘口气，显然不是女儿的本意，如果再搭上千辛万苦打拼得来的"身家"去搏一把，更加不是她愿意看到的。

因此，沈加员深刻地认识到，放弃眼前的发展机会，接受女儿看似"保守"的决策，这既是对基本传承规律的遵循，也是对女儿个性和意愿的尊重。这一点，沈加员想得很通透，在实践中也贯彻得很彻底。

对一代创始人而言，代际传承往往是"知易行难"。他们心里很清楚，为了能够"行稳致远"，不得不对企业发展目标进行权衡取舍，但是，要真正放弃眼前宝贵的机会，是一件极其不容易的事情。

作为改革开放后涌现的第一代企业家，沈加员有着那一代企业家共同的特点：敢。他们经历了传统计划经济到社会主义市场经济的转轨，眼前出现了一片前所未见的"蓝海"，与此同时，政策的反复和不确定性，也极大地考验着他们的勇气和智慧，谁"敢喝头口水""敢当出头鸟""敢第一个吃螃蟹"，谁就有可能抢占先机。"时势造英雄，英雄亦适时"，这一代企业家凭借着"抢上头班车、抢抓潮头鱼、抢开逆风船、抢进快车道"的开拓精神，抢抓机会、迎难而上，"干了再说，边干边想"几乎成了他们自然而然的下意识习惯。

因此，要这一代企业家在传承的特定时期主动捆住自己的手脚，说服自己放过稍纵即逝的大好机会，以牺牲企业发展速度乃至放弃自己的宏大抱负为代价，来换取交接班的顺利推进，无疑是其个人生涯中的又一次"修炼"，并且，这次"修炼"甚至比当初创业时经历的种种"劫难"还要艰难，"个中滋味，甘苦自知"，是一般旁观者殊难体会的。

无疑，沈加员在传承过程中表现出来的"知行合一"，是现实中很多企业家难以做到的，可以称得上是当代民营企业家的一个榜样。

截至 2023 年，沈加员家族成员结构如图 3-1 所示，其中正方形代表男性成员，圆形代表女性成员。

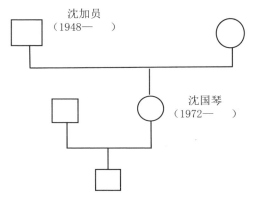

图3-1 沈加员家族成员结构

四、文化传承桃李不言，"用心相处"获取权威

民营企业传承，传的是什么？随着研究的逐渐深入，笔者发现，除了企业和家业等看得见、摸得着的财富传承，更为重要的是家族价值观，以及上一代身上的企业家精神等看不见、摸不着的精神财富的传承。

沈加员读书时间不长，对所谓"文化"和"企业家精神"，也没有尝试过用文字梳理出个子丑寅卯来。并且，沈国琴属于"半路接班"，进入企业已经有近20年，沈加员也没有对她进行刻意的灌输和培养。但是，"桃李不言，下自成蹊"，沈父女俩长期生活在一起，沈加员"润物细无声"式的言传身教，对女儿的人品、脾性及为人处世产生了不可磨灭的影响，也会潜移默化地影响到沈国琴的管理风格。在多个不同场合沈国琴都说过："父亲可以说是我的人生导师，我是伴随着他拼搏的人生而成长起来的。"

"严字当头，吃苦耐劳"，可以说是沈氏家族从祖辈一直流传下来的家风。在沈加员的记忆里，父亲对他从不打骂，但是"只要他眼睛一看，我们就知道（应该去做什么了），我们非常怕他"。当沈加员从儿子的角色转变为父亲的角色时，也是这样严格要求自己的女儿。

回忆起小时候，沈国琴不由地感慨道："遇到家里偶尔没有打扫干净的时候，父亲不会多说，只会微微皱眉，每当这时，我会立刻动手打扫整理，不会让父亲第二次皱眉。"沈国琴是家中唯一的女儿，无疑是沈加员的"掌上明珠"，但是，她记忆里从来没有得到过父亲的娇惯，"七岁的时候，我就学会了做饭、搞卫生等基本家务"，她早早就开始"当家"，可谓小小年纪就品尝到生活的艰辛。

在父亲的严格要求下，沈国琴从小就对自己要求很高，凡事积极主动，养成了吃苦耐劳的品质和极为强烈的责任心，而这些正是一个优秀的企业管理者必备的品质。沈加员年轻的时候，员工早上7点上班，他在6点前后就早早地到了工厂，一年365天，除了偶尔出去应酬，几乎都是一头扎在企业里。

沈国琴从小就体会到了生活的不易，感受到了创业的艰辛，父亲"能吃苦、肯吃苦"的品质深深地镌刻在了她的骨子里。2004年回到企业后，员工早上7点半上班，而沈国琴在7点15分之前一定会准时出现在办公室。最初的几个月，为了尽快熟悉和适应新环境，她有时候会住在工厂里，"夜里睡不安稳，人一下子就瘦了下来"，但她仍然坚持了下来。有时候，连她自己都不得不感慨沈家"基因"的强大，一个女孩子就是吃得了这么多苦！显而易见，这个"基因"并不仅仅是生物层面的基因，更重要的是家族文化上的"基因"。

"包容大度，百忍成金"是沈加员身上为人称道的优秀品质，也是沈国琴从父亲身上继承到的又一个"好家风"。在沈国琴看来，父亲"宰相肚里能撑船"，做人做事非常大气，常人看来天大的事情都能"放到自己肚子里"，一般人受不了的委屈他能一个人消化，周围人遇到难处也愿意找他帮忙，他也总是尽心尽力为别人排忧解难，在靖江有口皆碑。

对于这一点，沈国琴是发自内心地赞叹："这样的老爷子，就算不是我老爸，我也很敬佩。"如今，她自己都已经过了天命之年了，但从来没有和父亲顶过嘴、红过脸，父女俩的感情50多年来一直那么亲密融洽，到现在沈家三代人仍然住在一起。

沈加员年轻时在生产队干活时，脾气也是很急躁的，他的"忍得住，看得开"并非天生的，而是在长期的工作中一点一点磨炼出来的。当年，他从村办企业上调到乡办企业当厂长，乡办企业有8个副厂长，个个资格都比他老，背后还有极为复杂的人情关系。如果沈加员没有开阔的心胸、极强的忍耐力，别说开展工作，就是待下去都是一件不容易的事情。他心里清楚，空降的一把手不服众，在短期内是在所难免的，况且自己还是从村办企业调上去的，别人免不了有想法，只有自己保持豁达的心态，做到充分包容别人，用业绩说话，才能真正让大家心服口服。沈加员不抱怨、不诉苦，只用实实在在的行动来证明自己，"你不做，我做给你看"——调动不了副厂长，那就自己亲自干。

慢慢地，几个副厂长或难以立足，或自讨没趣，陆续都被调走了，最后只剩下两个副厂长。凭借自己的大度、忍耐与实干，沈加员逐渐在新单位树立起自己的权威，企业也逐渐开始恢复正常运转，并且顺利实现了扭亏为盈。

沈家父女俩长期生活在同一个屋檐下，在父亲的耳濡目染下，沈国琴也尽心尽力做到与身边人用心相处、用情交往，在生活和工作中表现出令人赞叹的执着与坚毅，以及超乎常人的包容心和忍耐力，形成了属于自己的独特人格魅力。很大程度上，正是这种人格魅力，让她在交接班中获得创业元老及公司全体员工发自内心的接纳和支持，逐渐树立起属于自身的权威。

在交接班过程中，二代与老臣之间"较劲"的现象并不少见。不少二代，尤其是儿子，会选择在一代创立的主业之外，另辟领域创业来证明自己的眼光和能力。一个重要的原因是，这样二代就可以与父辈、创业元老"保持距离"，能够在宽松的环境中制定决策，按照自己的意愿打造团队，从而更容易树立起属于自身的权威。

沈国琴则不然，她接班的初衷就是为了分担父亲肩上的重担，这意味着她必须在与父亲和元老们日复一日、面对面的打交道中，一点一滴地积累起自己的权威，显然这条路的难度会更大，所花费的时间也会更长。

即使在交接班步入"二代为主，一代为辅"阶段，沈国琴成为企业的新掌门人之后，也还是会出现老臣当面"顶撞"，让她下不了台的情况。沈国琴自己也很担心，这种事情有一次就有第二次，如果长此以往，自己就很难真正确立权威。但是，秉持"用情、用心相处"的理念，她还是忍住了，在心态上，不断告诫自己"场面上一定不能毛躁，肚量一定要大"；在行动上，她俯下自己的身段，自始至终与人用心交往，主动与元老们当面沟通，既强化作为"新掌门人"的刚性灌输，又加强对事情本身的柔性引导，同时给予充分尊重，逐步获得了老臣们的认可与信服。

沈国琴在与周围人的沟通与互动过程中，"哪一个人敷衍搪塞，哪一个人担责尽责，大家彼此都感同身受"。通过仔细筛选和耐心培养自己的得力助手，沈国琴逐渐组建起了自己的团队，在长期的经营管理活动中一步一步积累起自己的权威。

五、企业升级，稳扎稳打

当沈国琴接过父亲手里的方向盘后，一个"稳"字，自然而然地构成了她经营理念的核心。"有人手里拿着 10 万块，就想做 100 万块钱的事情，我则是手里有 50 万块，才会去干 100 万块钱的事情。"同时，她要对投资项目的策划和未来有清晰的预期，才会真正放手去干。

这种稳扎稳打的风格，虽然让企业错过了一些挣快钱的项目，但对此她不以为然——"在不断变化的环境中，能够实现企业稳妥的发展，就是最好的接班！"她自始至终都认为，作为一个企业家，必须有自己的思路，要在自己能力范围和心理承受范围内做事情，不能随意盲目跟风，更不能凭一股子热情去搞"大跃进"。

沈国琴心里很明白，化纤印染行业属于高耗能、高污染、劳动力密集的传统制造业，数字化、智能化是印染行业提质增效、转型升级的必由之路，否则迟早会被淘汰出局。但是，对绝大多数企业来说，数字化转型不啻一次"动刀子"，不转型是等死，乱转型就是找死！根据麦肯锡公司的研究报告，企业数字化转型的成功率平均仅为20%，即使是在高科技行业，转型成功率也只有26%，在石化、汽车、基础设施等较为传统的行业中，转型成功率仅有4%至11%。

沈国琴去美国、日本、欧洲等发达国家和地区考察后发现，工厂的智能化转型是必然方向，智能化一方面可以大大提高正品率，降低生产周期；另一方面还可以大大减少劳动用工，实现降耗减排，节约染化料助剂、蒸汽和水电，缩短新品研发周期，肯定是传统制造业未来的发展方向，并且，国内个别上市印染企业也已经有了成功案例。

但是，沈国琴也非常清楚：表面上，数字化是通过数字技术的变革与应用实现生产的自动化、智能化，是一个"一把手"工程；在深层次上，这不仅仅是"一把手"工程，还是员工思维方式、团队结构、企业组织乃至企业文化的一次巨大变革。这种智能化转型需要少则几千万元，多则高达数亿元的投入，这显然是一笔巨额资金。除此之外，智能化转型还需要一支具有数字技能、具备数字思维的高素质人才队伍，而智兴由于地理区位及主业行业特点等原因，即使开出比萧山城区平均水平高出 30% ～ 50% 的工资，也难以招到高水平的人才，对原有员工进行数字化培训也非一日之功，"如果人员跟不上，节奏就不得不放慢"。

因此，尽管政府在大力助推企业数字化，但就智兴当前的发展阶段而言，如果一蹴而就，急于求成，显然并不符合实际情况，很可能会出现"拔苗助长"的情况，最终"欲速而不达"。基于以上通盘考虑，沈国琴为智兴制定了"分步走"的数字化路线，"分阶段、渐进式"走数字化改造之路，她选择将企业生产流程数字化作为第一阶段的抓手。

在传统制造业企业的生产运营管理中，普遍存在着"这样可能差不多了"的思想，好比中餐制作方法中的"火候适中，酱油少许，盐适量，翻炒片刻"，"适中、少许、适量、片刻"仅仅是一些模糊的描述，缺乏精确的量化。智兴原先也不例外，沈国琴较早就在生产制造部门引入了"精益生产"的理念和方式，收到了良好的成效，也为数字化改造提供了良好条件。

在此基础上，2018 年 1 月，依托在印染纺织软件开发领域具有丰富经验的绍兴环思智慧科技股份有限公司，智兴迈开企业的数字化转型步伐，将硬件完善和软件提升相结合，在控制好总投入成本的前提下，通过引入物联设备，逐一采集各个生产运营环节中产生的不同类型信息，初步实现了企业生产流程数字化。第一期项目完成后，成功入选了 2019 年度杭州市"数字化改造推广项目"。

接下来，按照"分步走"的数字化改造路线，沈国琴打算引入生产执行系统（manufacturing execution system，MES），推动数字化改造与精益生产的有机融合，把全流程的数字化进一步往纵深方向拓展。与此同时，她花大力气建设了一支具有较高水平数字素养的管理团队，有能力对全流程数字化进行挖掘，真正打造出一个涵盖数据采集、传输、存储、处理、反馈的数字化闭环，帮助管理人员提高决策制定的速度与准确度，协助企业改进和提升整个运营管理水平。

六、家族治理简约明了

家族企业一般同时具有企业治理与家族治理两个体系，健康和谐的家族关系是企业实现基业长青最为关键的因素之一。在度过艰难的创业阶段之后，家族成员之间的各种"间隙"和矛盾，通常随着企业的发展壮大而逐步积累并不断被激发，并往往在交接班阶段集中爆发，父子成仇、兄弟阋墙、夫妻反目，最严重的导致企业分崩离析的情况在现实中并不少见。

沈加员看过不少民营企业在这方面吃过的苦头，他认为在大多数情况下，尤其是当企业步入发展正轨以后，"皇亲国戚不好用"，因此，他对家族成员进入企业这一问题，从一开始就保持着很高的"警惕性"。由于智兴集团是从集体企业改制而来，相比非改制企业，从一开始就容易摆脱家族及宗族在人力资源和资金等方面对企业的影响。

沈加员家中有兄弟姐妹 8 个，从集体企业转制之初，除了个别家族成员在企业中层任职，没有一个成员在核心层担任职务，也没有一个成员手里有智兴集团的股份。到 2004 年，沈国琴回到企业后，整个中高管理层中已经没有一位家族成员了。每当出现自己的兄弟姐妹或其下一代家族成员及朋友的子女想要进入企业时，沈加员无一例外地一开始就摆明态度，一视同仁地拒绝此类要求，"你要这个方面的东西，我面子也卖不来的"，久而久之，亲朋好友们也知道了沈加员的个性，以及在这件事情上"不容商量"的坚决态度。

但是，每当有家族成员在生活上遇到困难或一时资金周转不开时，沈加员都会"主动出击"，"来借钱就借，哪怕送一点也可以"，时间一长，"他们也会体会到自己的用心"。沈国琴很好地继承了这一理念，"家庭归家庭，企业归企业"，工作上"无情治企"，生活上"慷慨解囊"，让沈氏家族成员之间的关系清晰明了，简单和谐。

除了沈加员手中的股份传承尚待进一步明确之外，沈氏家族第一代向第二代的传承可以说基本上大功告成，其交接班的成功在萧山乃至杭州都可以称得上是一个"样板"。一眨眼，沈国琴回企业接班已近 20 年，她自己也已经 50 多岁了，沈氏家族也马上面临着第二代向第三代传承的历史任务。

沈国琴有个独生儿子，从小和她一样天资聪颖，从浙江工商大学毕业后一直在投资行业工作。对于他的选择，虽然沈加员并不认同，却表示尊重孙儿的选择。他始终认为传统制造业更能够锻炼人，但也明白年轻一代有自己的主张，不肯听老一辈的话也很正常。至于未来由谁来接沈国琴的班，沈加员认为这已经不是他的事情了，既然自己已经放手了，正所谓"不在其位，不谋其政"，"我管不了，要女儿、女婿去管""管教自己的儿女是天经地义，但孙辈毕竟是隔代了"。

对于沈氏家族的第二次交接班人选问题，沈国琴持开放的态度，她并不认为一定要把企业传给自己的孩子，也可以让职业经理人团队来接班。如果选择由儿子来接班，家族治理的成本很低，因为第三代只有一位直系家族成员，家庭内部不需要设计一系列复杂的制度安排。但是，从根本上看，还是取决于儿子的接班意愿，并且，如果确定由儿子接班，就需要马上着手制定系统化的接班方案，让儿子尽快进入企业进行多岗位、长周期的历练。

无论最后采取哪一种接班方式，都面临着诸多变数和挑战，无一不考验着沈国琴的勇气与智慧。

资料来源：

沈加员实地访谈，2021年7月。

沈国琴实地访谈，2021年7月。

企业补充访谈材料，2023年3月。

《转型与发展：萧山民营经济研究》，史晋川、汪炜、钱滔等著，浙江大学出版社，2008年。

第四章

翁婿接力勇拓版图，两代携手制胜未来

汇德隆集团"女婿接班"传承案例研究

⊟ 案例导读

1. 一代创始人如何与女婿接班人保持有效的沟通与互动？

2. 一代创始人如何做到对女婿大胆授权？

3. 女婿接班如何给自己精准定位？

4. 如何实现老臣有序退出和高管团队再造？

浙江汇德隆集团是萧山商贸业的龙头老大，创始人王炳炯是一名转业军人，出生于 1953 年，是土生土长的萧山新塘人。他是家中老大，有 6 个弟弟妹妹。由于家里条件艰苦，他只在 7 岁至 12 岁期间读了 5 年高小（相当于小学毕业），13 岁至 15 岁时，王炳炯每天都要捡 45 斤鸡粪，帮母亲挣回在生产队一天的工分。15 岁至 17 岁，他学会了开拖拉机，农忙时耕田，农闲时帮供销社拉货。

1972 年，18 岁的王炳炯在当上了生产队队长，两年后，他成为新塘一个生产队的队长。当年底，他应征入伍，在 20 岁时光荣地加入了中国人民解放军，成为原成都军区工程兵建筑 222 团的一名战士。至今，他还清楚地记得临行前父亲叮嘱他的三句话："人不跟错，钱不拿错，床不睡错。"

王炳炯牢牢记住父亲的叮咛，这 12 个字朴实无华，却富含人生哲理，蕴含着越地萧山人家风传承之道。王炳炯记住了，深刻理解并贯彻着。凭着从小辛勤劳动养成的坚毅性格和家庭教育带来的踏实作风，他只用了短短 7 年时间，就从一名普通的战士一路成长为班长、排长、副连长、连长，并获得了部队的推荐，幸运地进入了当时的中国人民解放军原总后勤部基建工程兵学院深造，凭着惊人的领悟力，仅用了 6 个月时间补习初、高中课程，便顺利开始了大学课程的学习。

1979 年，他与一位萧山本地姑娘组建了幸福的小家庭。婚后，王炳炯的军旅生涯上也更上一层楼，相继晋升为原成都军区后勤部独立营副营长、营长，并先后获得部队嘉奖 14 次，荣立三等功 3 次。1985 年 6 月 4 日，中央军委做出百万大裁军决策，工程兵也属于裁减范围，于是 1987 年 10 月，王炳炯携随军的爱人和女儿转业，回到了阔别 15 年的浙江萧山，从此拉开了汇德隆集团发展的大幕。

将时间轴定格到 2007 年，王炳炯的独生女儿出嫁，与她的高中同学王强喜结连理，女婿王强从此成为王炳炯的"意向接班人"。在王炳炯的言传身教之下，王强经过 4 年基层轮岗、4 年集团副总的锻炼，2021 年已经是他担任集团总裁的第 3 个年头，他早已成为王炳炯离不开的左膀右臂。

丈人王炳炯大胆放权、女婿王强精准定位，翁婿两人携手共进、相得益彰，与万科旗下印力集团"化敌为友"，一起成功开发了印力汇德隆奥体印象城项目，两代人不仅谱写了萧山商贸行业商海志录，更成为萧山民营企业交接班的一段佳话。

经过35年的艰苦拼搏，汇德隆从一个只有30多名员工、300多平方米经营面积的小公司，发展为一家解决8000多名员工就业、经营面积达50多万平方米的集团公司，多年来一直领跑萧山商贸业，排名第一，并且遥遥领先第二名。目前，汇德隆四大主营板块均保持着良好的发展势头：家电板块，拥有15家连锁店；百货板块，拥有9大商场；食品板块，拥有18家连锁店；广告板块，经营着萧山各大街道、地铁站、公交站的广告位等。

一、放弃从政，转业从商；坚毅创业，果断下海

从部队转业回到萧山后，王炳炯原本被安排到政府部门工作，但是他没有去，而是直接"下海"创业了。

王炳炯认为，多年的部队生活，塑造了他雷厉风行、只争朝夕的作风，令行禁止、动如脱兔、敢破坚冰，也让他形成了个性耿直、决策果断、勇于担当的特质，性格上甚至有一点点"霸气"，倾向于一个人说了算。与进入政府机关相比，他更适合"下海"经商。因此，王炳炯没有过多考虑，便毅然决然放弃了别人看来可遇不可求的从政机会，进入当时国营萧山商业大厦有限公司下的电子化工有限公司，先担任副经理，继而又担任了经理。

当时的电子化工有限公司仅有员工30多名，资金20万元，经营场所为萧山商业大厦的一层楼，面积只有300多平方米，主要经营五金、家电、日用百货及机电产品。从经营模式上来看，公司

没有固定的进货渠道，年营业额还不足 2000 万元。20 世纪 80 年代，中国还处于改革开放初期，物资极为贫乏，家庭耐用电子消费品更是稀缺，只要有稳定的货源，就能迅速打开和占领市场。"下海"后，王炳炯在很短的时间内，就实现了从军人到企业家的角色转变，并且在萧山商界崭露头角。

王炳炯清楚地记得，他刚从部队转业到公司时并不会做业务，只能先适应环境。虽然作为公司领导，不做业务也不妨事，但时间久了，他就坐不住了。他自告奋勇地带了一名业务员到重庆，利用从军时留下的人脉，一头冲到军工厂联系采购嘉陵、雅马哈摩托车事宜。结果厂里一下子答应给他 8 车皮的摩托车，这在当时双轨制下物资极度紧缺的时代，可是一笔不小的买卖。货是拿到了，但是公司根本拿不出这么一大笔钱来，于是他把自己当作"人质"，整整"抵押"了 32 天，住在对方工厂的招待所，每天在厂长面前露脸"报到"，表明"人还在"。业务员则押着摩托车一路回到萧山，顺利卖了货收了钱，再回到重庆将他"赎"了出来。

如果说摩托车是他下海的"第一桶金"，那么接下来买断品牌电视机全国总经销权，就是他的"成名之作"。西湖牌电视机对于现在的年轻人来说，已经是古董级的东西了，但在 40 多年前的改革开放初期，可是稀奇得很。谁家买了一台西湖牌彩色电视机，那可不得了，左邻右里都会涌到他家来看，比现在抢到一双限量版鞋子更让人眼红羡慕。到了 20 世纪 90 年代，西湖牌彩色电视机更是成为姑娘们结婚必备的嫁妆之一。

　　1990年，西湖电子集团公司杭州电视机厂销售处成立，王炳炯成为法定代表人，他将身上萧山人"抢抓潮头鱼"的精神，以及雷厉风行、敢打敢拼的军人作风发挥得淋漓尽致。他不仅争取到了西湖牌电视机的浙江省总经销权，还克服重重困难，实现了不用押金就做到销大于供，随后将货铺到全国，获得了全国总经销权。公司以西湖牌彩色电视机批发生意为契机，在很短时期内就实现了规模的迅速扩张。

　　这一果断、凌厉的"攻势"，使王炳炯迅速在萧山商业界声名鹊起，获得了"王大胆""商业奇人"的称号。到了1993年，萧山市电子化工公司成立，从萧山商业大厦有限公司独立出来，成为萧山市商业局直属企业，王炳炯同时担任公司经理、书记。1995年，公司成为当时萧山市的直属企业，归口财贸办，开始将业务拓展至家电零售业，原有的家电商城迁址扩建，更名为萧山家电中心，开张后一举成为当时萧山最大的家电专卖场，公司实力也越来越雄厚。

　　但是，这样的好光景并没有维持太长时间。随着国内市场对外开放程度的提升和技术进步的加速，家庭耐用电子消费品领域的国内外品牌越来越多，竞争也越来越激烈，各个生产厂商之间多次爆发惨烈的价格战，利润空间不断被压缩，一些规模相对较小的厂商陷入了濒临破产的境地。1999年，国内彩色电视机行业价格战已经达到了白热化的程度，西湖牌彩色电视机几乎以亏本的价格进行销售，销售量也下降到差不多只有1995年顶峰时的十分之一，王炳炯不得不开始筹划将公司业务的重心由家电批发转移到家电零售。

也正是在这一年,公司迎来了体制机制上的重大改革,为今日的飞速发展奠定了基础。1999年12月22日,公司转制改组为萧山电子化工有限责任公司,王炳炯一人肩挑董事长、总经理、书记三个职位。

2000年初,当时萧山新区的商业氛围总体还很冷清,大家都挤在狭窄的老城区做生意,市心广场的品牌服装盛极一时,各大百货商场、超市竞争激烈,你争我夺地在"红海"里厮杀。王炳炯已经敏锐地意识到萧山新区发展所带来的巨大商机,于是注册了"汇德隆"商标,在当时还显得冷清的新区开设了第一家家电类连锁超市——汇德隆萧山家电超市,同时推出了"四项服务"承诺。结果仅用了2天时间,超市零售额就达到380万元,创造了当时萧山家电零售业务的纪录。其后,他又率先开启5公里免费上门等举措,公司在产品质量和服务水平上一马当先,开始确立起在萧山商贸业的领先地位。

接下来几年,王炳炯开始逐步推进业务多元化。2001年,汇德隆食品超市开业;2002年,汇德隆开设临浦连锁店(包含家电与食品商场),王炳炯开始把经营触角延伸到了乡镇,近距离地服务广大乡村消费者。之后,公司开启了食品连锁超市稳步扩张的进程,以每年新开1~2家店的速度,先后在瓜沥、临浦浦南、义蓬、党山、新塘等乡镇街道落地,并吸收了若干个食品连锁加盟店。2003 年，王炳炯又拓展了广告业务，成立了汇德隆广告中心。至此，汇德隆形成了家电、食品、广告三足鼎立的新发展格局。

2005 年，王炳炯做了人生中最大胆的一次决策——杀入百货业。当时的萧山各大百货商场刚刚经历了异常惨烈的"战斗"，市场一片哀鸿，有的商家还在"舔伤口"，有的倒地后再也起不来了。原本在家电业里日子过得令人羡慕的王炳炯，却在业界的一片质疑声中，果断进入了百货业。

2005 年 10 月，王炳炯将公司正式更名为浙江汇德隆实业集团有限公司，在短短 68 天里就完成了百货商场的选址、招商、布局等一系列工作。同年底，营业面积 2.6 万平方米的汇德隆百货开业，包含 7 大卖场总计 300 多个知名品牌，力求将当时国内外著名品牌一网打尽，与杭州主城区的大商场不相上下，实现了"搬一个'银泰'到萧山来"的承诺。

2009 年 12 月，汇德隆又"改头换面"，在家电超市北面开出银隆百货一期。银隆百货一期有 6 层，营业面积达 5.5 万平方米，是当时浙江单店面积最大的集购物、饮食、休闲于一体的百货商场。王炳炯还豪情满怀地"要打造一个市级、县区级中十年内不落后的商贸综合体"。2015 年，银隆百货二期开业，至此银隆百货的营业面积达到 12.2 万平方米。

同一时期，汇德隆在家电板块和食品板块也实现了扩张。2009 年 12 月，营业面积达 2.2 万平方米的汇德隆家电广场开业，这是当时杭州单体面积最大的家电商场。2010 年，营业面积达 4 万平方米、以食品超市为主的汇德隆购物中心开业；之后，汇德隆又持续在萧山各乡镇布局家电、食品连锁超市。

二、未雨绸缪，百年大计；谋划传承，不拘一格

随着企业规模的不断扩张，产业布局的逐渐多元化，王炳炯也年近 60 岁，交接班事宜开始排上日程。王炳炯的独生女儿极为聪慧能干，很好地继承了父亲的行事风格，大学就读的是法律专业，这是王炳炯帮她选择的，目的就是让她强化自我约束力，将来如果接管企业也能用得上。读大学时，女儿也曾经为父亲翻译过国外商场、超市经营方面的书籍。女儿研究生毕业后，凭借着优异的成绩考入上海政府部门，王炳炯尽管有些不舍，还是支持女儿的选择，但传承计划也不得不进行调整。

俗话说"翁婿不共财，弟兄少往来"，但王炳炯从一开始就做到了未雨绸缪，无论是在企业股权架构上，还是在家族关系治理上，都为女婿接班奠定了良好基础。王炳炯在家中排行老大，有 6 个弟弟妹妹，在创业之初他就向父母保证，会尽全力帮衬弟弟妹妹们。他帮助 6 个弟弟妹妹分别创立了自己的事业，当他们有困难时，也尽可能做到雪中送炭，但从来不参与他们企业的经营管理，也不让他们和他们的家人到汇德隆任职，也就是说，汇德隆高管团队从一开始就是清一色的职业经理人，没有一个王氏家族成员。

不仅如此，弟弟妹妹们在创业时，或多或少都受到了王炳炯的个人帮助，但他没有在其中任何一家企业占有股份，并且，除了王

炳炯自己之外，也没有任何一个家族成员持有汇德隆的股份。这样的安排既遵循了企业治理的一般原则，又能够维系宝贵的家族亲情。王炳炯认为，如果不这样做，"每家都有一个'长辫子'，都可能要来吵架的"，这种强烈的"防患于未然"的意识在民营企业家中是比较少见的。

由上可见，王炳炯通过"四化"，即股权界定清晰化、股权结构集中化、高管团队职业化、家族关系简单化，最大限度地避免了传承过程中因为股权、高管团队、家族成员关系等问题引起的各种纠纷和冲突，给未来的接班人提供了一个非常"舒适"的接班环境。

2007 年，王炳炯家里迎来了一件大喜事——女儿与她的高中同学王强喜结连理，潜在的接班人终于出现了。当然，这个接班人并不是王炳炯的有意安排，恰恰是完全顺了女儿的心意。王强是余杭人，1979 年出生，大学毕业后，赴加拿大继续深造，毕业回国后考入政府部门。两人确立恋爱关系后，王强开始进入王炳炯的视野，成为他的"意向接班人"。

截至 2023 年，王炳炯家族的成员结构见图 4-1，其中正方形代表男性成员，圆形代表女性成员。

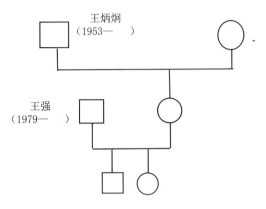

图4-1　王炳炯家族成员结构

改革开放以来，萧山可以说"户户办厂、村村冒烟"，民营经济发展在国内名声响亮、名列前茅，城镇化进程也一马当先。但根据人口普查数据，自2000年以后，萧山的性别结构在一段时间内出现了失衡，即面临着女多男少的困境，在企业界也有同样的情况发生。在几个因素的共同作用下，萧山形成了浓厚的"入赘"风俗，一些萧山企业家在准女婿是否愿意入赘，第三代家族成员要跟哪一方姓等问题上陷入了困境。

然而，王炳炯在这方面"看得透、想得开"。他当过兵，见过"大世面"，更容易摆脱传统宗族文化的束缚。从一开始，他在女儿的婚姻上就采取顺其自然的态度。早在王强提亲的时候，他就应允两家的婚事按照通常的"女方嫁、男方娶"的流程操办；孩子出生后，称呼女方父母为外公外婆，称呼男方父母为爷爷奶奶。王炳炯直言，相较于孩子对自己的称呼，自己更关心未来孩子的行为风格，如果第三代能够延续自己率直、果敢的性格，就是最大的幸事。

婚后，王强便从政府部门辞职，逐步融入汇德隆，开启了女婿接班之路。王炳炯经过系统规划，给女婿制定了循序渐进的四个阶段的接班方案，目前已经按部就班进行到了第三阶段。

第一个阶段：共 4 年（2011—2015 年），在集团各个事业部轮岗。第一年，王强在浙江汇德隆食品有限公司做总经理助理；第二年，在浙江汇德隆家电有限公司做总经理助理；第三年，在浙江汇德隆银隆世贸中心商贸有限公司做总经理助理；第四年，在浙江汇德隆广告传媒有限公司做总经理助理。经过四年的轮岗，王强对集团各个业务模块的运营模式都有了详细的了解和认识，也与基层员工进行了广泛而深入的接触和交流。

第二个阶段：共 4 年（2015—2018 年），担任集团常务副总经理，全方位、深入地了解集团层面的各项事务。

第三个阶段（2018 年至今）：担任集团总裁，全面负责除了少数重大事项外的所有集团日常经营决策。

经过 12 年的锻炼，王炳炯对王强的为人处世、管理经营能力总体上是满意的，当前阶段，除了少数重大事项（大额投资、筹资、大额预付款，关键人事决策及重要绩效考核）他还保留着决定权，王强还需在最后环节向王炳炯汇报之外，其他所有集团日常经营决策已经完全交由女婿王强处理。

从 2022 年开始，王炳炯准备将交接班计划推进至第四阶段，在保留少数重大事项决定权的前提下，逐步减少自己在公司办公的时间，再分步骤、视情况将集团重大事项逐一交由女婿处理，直至完全退出集团的经营管理。最后，公司将在全面审计、评估后，整体交到二代接班人手上。王炳炯反复地向王强提醒这一点，最后还有一个审计、评估的环节，"如果公司资产在你手上缩水了，那就是你自己的事情"。这对二代接班人既是一个压力，也是一个动力。

三、言传身教，大胆授权；潜移默化，润物无声

军人出身的王炳炯行事果断、坚韧不拔，原则性非常强，一旦认准了一件事，即使困难再大也会迎头而上，他在经营过程中习惯于独掌大局，在关键问题上往往说一不二。相较于老丈人，王强性格敦厚朴实，为人外向随和，内心细腻温暖，处理问题更加灵活，在与人沟通和交流时具有很强的亲和力。

虽然两人的性格一刚一柔，具有互补的一面，但是王炳炯一开始就意识到，相较于儿子，女婿的身份毕竟比较特殊，如果自己过于强势，必然会导致其反感、畏惧和抵触。很有可能表面上他会迎合自己的观点，私下里却不屑甚至引发对立，长此以往，必将导致一代和二代之间的关系难以调和，严重的还会造成双方的矛盾日益恶化。

因此，王炳炯并没有一味地向王强灌输自己的观点，强迫王强接受自己的理念，而是通过日常点点滴滴的沟通与交流，来潜移默化地影响身边这位"身份比较特殊"的年轻人。

最为人称道的一件事情是，自王强进入汇德隆之后，王炳炯十

余年如一日，坚持每天与女婿共进午餐，这段短暂但雷打不动的时间，是翁婿二人沟通工作、交流想法的主要时间。

王炳炯认为，只有通过长期不断的言传身教、时时不经意的心灵交流，通过"大会小会如何讲话，如何对待公司员工，如何对待商业伙伴，如何在重大决策中'定调子'"，才能真正让女婿在工作中做到耳濡目染，从而发自内心地接纳自己的经营理念和管理风格。在此基础上，如果王强"能够借鉴我的行事风格，吸取其中精华，逐步与他自己的风格融合，最终变为他自己的风格，那么等到他将来坐镇了，就基本上没有问题了，企业大概率垮不了"。

在王炳炯看来，如果真正做到以上这些，无论企业将来发展得快一点还是慢一点，两代人之间都已经实现了行之有效的传承。

在汇德隆，作为一代创业者的老丈人与作为二代接班人的女婿之间的交流方式是和风细雨的，起到的效果则是润物细无声的。王炳炯坦率地说，如果接班人是自己的儿子，那么，他在沟通上会更加直接和强硬一些，女婿毕竟不一样，沟通时要更为客气、委婉，甚至还要时不时加上几分"幽默"。

王强自 2011 年进入公司，在王炳炯身边已经足足待了 12 年，大事小事他们一起经历了很多，可以说王炳炯从未正儿八经地批评过他，哪怕一件事情本想面对面地批评他，但最后也只是在短信、微信中说明道理，还是不会当面点破。这一点恰恰是父子传承中很难做到的，两代人之间不远不近，"尺度适中"的翁婿关系，加上王炳炯"刚中有柔"的睿智，构成了两代人之间沟通时最好的润滑剂。

虽然王炳炯十分关心和疼爱自己的女婿，时常让女婿暂时放下手头上的事情，多回家看望自己的父母，并且在薪酬上给予女婿与自己相同的待遇，但是在工作当中，王炳炯特别强调要将工作与家庭生活严格区分开来。王炳炯懂得，两人在工作中发生观点分歧非常正常，在公司中面对面的反复沟通和交流，是化解分歧最直接、最重要的方法。"不要把工作带到家里面，家里面绝不讨论工作，家里面讨论工作就很难了，总带着一些（感情、情绪），到底听谁的？这个事情就复杂化了。"即使有时候分歧乃至矛盾一下子解决不了，两人也从未找过王炳炯的妻子和女儿，或者其他家族成员来居间调节。

王炳炯认为，两个人之间的沟通要尽可能建立在尊重事实的基础上，并且进行理性探讨，"他要来跟我说，我肯定给他理性地分析，尽量避免涉及个人感情"。要做到这一点，就必须尽可能地把企业管理者的角色和家族成员的角色分开，在公司办公室里，只有管理者，没有家族成员。

除了言传身教，王炳炯培养接班人的另一个重要理念是"大胆授权"。在王强接班初期，王炳炯就给女婿制定了两条原则。第一条原则是"选择性交友"，这里的交友并非个人生活中的交友，而是工作上对朋友的选择。汇德隆常年需要与众多供应商、合作伙伴打交道，从中可以选择一部分能够帮助自己"增长知识，拓展眼界"的人员，进一步深入交流。否则，如果对交友对象不加选择，良莠不分，必然导致疲于应付，最终耗费了大量时间和精力，甚至以牺牲身体健康为代价，个人能力也得不到应有的提升。

更为重要的是第二条原则，即"大胆授权"，或者说是"贯彻垂直化的层级管理"。王炳炯要求王强不越级传达行政命令，更不直接向基层员工发号施令。在日常工作中，他严格按照"自上而下"的原则逐级向下传达工作，即首先找部门总经理沟通与协商，再由部门总经理向下传达，依次类推。王炳炯之所以这样做，目的是避免王强陷入纷繁芜杂的细枝末节，可以将更多的时间和精力放在对大局的把控上。

实际上，第二条原则不仅仅是一代创业者王炳炯给二代接班人王强定的原则，更是王炳炯给自己定下的规矩。王炳炯不仅这样要求女婿，也同样如此严格要求自己，他逐步要求与他共事多年的员工，乃至当初一起创业的元老也直接向王强汇报工作，尽量不要越过王强与自己沟通。因此，第二条原则的实质是王炳炯对王强的充分信任和大胆授权。"用人不疑，疑人不用"，这对他来说是最重要的合作原则。王炳炯坚信，如果接班人时时都被自己掌控，事事都对自己言听计从，那么，最终培养出来的不过是一个只会听从指挥、服从命令的庸才，而不是一个能够运筹帷幄、独自决策的帅才。

到了传承的第三阶段，即 2019 年王强担任集团总裁之后，除了在经营大方向的把控之外，王炳炯在公司日常经营上给予了王强充分的自主决策权，"希望现在 100 个事情里面，最好有 99 个是他自己能够一个人定夺的"，王炳炯希望王强能尽快形成他自己的行事风格。

2016 年 12 月底，位于现在印力汇德隆杭州奥体印象城的萧政储出〔2016〕30 号地块的竞拍，就充分演绎了翁婿二人之间的"充分信任、大胆授权"。

该地块地理位置优越，位于钱江世纪城板块，为纯商业娱乐用地，除了汇德隆之外，印力集团、越秀集团均对该地块虎视眈眈，志在必得。这两个参与竞拍的对手皆来势汹汹：一家是隶属于万科的印力集团，已打造了以"印象城"为代表的一系列的知名购物中心；另一家是越秀地产，是港股上市公司，其母公司越秀集团是中国跨国公司 15 强企业。

经过系统评估，在拍卖开始前，王炳炯给予王强一个既定的资金额度，授权王强可以在这一额度范围内自主决策，自行决定每一轮具体出价等事项。更为关键的是，两人商定，王强可以根据拍卖现场的实际情况，在一定额度范围内向王炳炯申请追加资金授权额度。这个竞拍策略同时兼顾了原则性与灵活性，成为汇德隆克敌制胜的法宝。

当拍卖进入白热化阶段，汇德隆面临授权资金额度不足时，王炳炯与王强即时沟通，在所有竞拍者中以最短时间做出追加资金额度的决定。经过前后整整 25 轮报价，9 号竞买人汇德隆战胜了实力强劲的一众对手，最终以 4.69 亿元的报价，溢价率接近 44%，将这一块风水宝地收入囊中，给了当时杭州土地市场一个大大的意外！

四、精准定位，开拓共赢；优化管理，和谐高效

经过与一代掌舵人王炳炯长达十几年的朝夕相处，王强也摸索出自己的待人处世之道，成为一个日渐成熟的接班人。王强给自己的定位为"职业经理人和家族成员的双重身份"：在企业中，自己的身份是企业管理人员；在家庭中，自己的身份是女婿，不能把女婿的身份带入企业，也不能把总裁的身份带入家庭。

作为职业经理人，对一代创业者的尊重是摆在第一位的，王强发自内心地敬佩王炳炯的魄力与勤勉，"他一年365天几乎都在企业，把一个小企业一步一步地发展到今天这个规模，这种敬业精神与执业能力值得所有人尊重"。此外，他认为要尊重一代创业者与生俱来的性格特质，以及王炳炯在长期的军旅生涯中形成的行事风格，这是晚辈对长辈的尊重，是两代人之间提高沟通效率、化解分歧、尽快达成共识的根本前提。

作为女婿，王强对老丈人的关心是放在第一位的。首先，要关心长辈的生活起居和健康状况，一代创业者持续几十年忙于工作而无暇休闲，如今年岁渐长，自己在工作上要尽量分担重担，创造机会让其享受生活。王强为老丈人精心安排了出国旅行计划，王炳炯夫妇不习惯国外的饮食，王强便细心地准备了封装好的萧山土菜，供他们在旅途中食用。这种基于亲情的关心，保证了两代人即使在观念上产生分歧，也不会产生过于严重的情感上的冲突。

其次，作为女婿，对家庭一定要有责任感。"即使回归到一个普通的家庭里，他是丈人我是女婿，他把女儿交给我，我就要对他们二老负责，为他们一家人尽责。"王强认为，他在"职业经理人和女婿"的双重身份中，做到对一代创始人尊重，以及对家庭关心、尽责，是他与王炳炯沟通的主基调，是有效化解两代人之间矛盾的良策妙方。

王强也坦言，他在和自己父亲的沟通中更为直接，也更为强硬，而在与老丈人沟通时更加讲究技巧，"我是女婿，有时候肯定不能很强势，但是，总要有自己的思考和主见，如果要坚持自己的观点，要用一些更为'迂回'的办法来说服老丈人"。老丈人一贯强调工作上的沟通尽量不带个人情感，要在摆事实的基础上进行理性分析，因此，王强会花费大量时间进行调查研究，获取尽量翔实的第一手资料，通过列数字、举例子的办法来佐证自己的观点，再找一个氛围合适的沟通契机。沟通目的不是一定要争论出谁对谁错、孰是孰非，而是在不断互动中达成一个又一个的共识。

以推行部门经理弹性休假制度为例，王强基于自己的亲身体会与员工反馈，认为有必要在公司实施弹性休假制度，让员工在工作之余有更多的时间陪伴家人、享受生活。"一个人在这里上班，意味着有一个家庭在背后默默地撑着，赚钱最后还是为了提高家庭生活质量。"反过来，高质量家庭生活给员工带来的幸福感，又可以成为员工努力工作的动力。长期习惯于在高压下工作的王炳炯则认为，如果实施这一制度，员工一旦适应了宽松的工作氛围以后，将很难再回到原本紧张的工作节奏，双方由此产生了分歧。

为了尽快达成一致意见，王强通过组织座谈会、对离职中层员工逐个访谈等途径，整理出了员工离职原因的详细统计数据，发现年轻一代员工除了看重薪酬水平之外，对生活品质也很看重，偏好于更为灵活、柔性化的管理方式，这与愿意服从安排、视工作重于生活的老一代员工存在很大的差异。

王炳炯看过了这些数据，尤其是听到了"一些中层员工愧疚于孩子很大了，也没有时间一家人去一趟北京天安门"，被深深地触动了，尽管他自己也很多年没有度假了，但还是马上体会到了员工的委屈，意识到了改革的紧迫性。很快，公司制定并推出了部门经理轮休、暑期带薪休假等体系化的弹性休假制度，事实证明，新制度实施后，中层员工的工作积极性有了显著的提升。

拍得萧政储出〔2016〕30号地块之后，市场上一时惊叹于"萧山杀出了个汇德隆"，同时，也不乏疑问乃至质疑的声音。面对外界传来的各种杂音，王炳炯言简意赅又意味深长地回复道：为什么要拿这块地？一是响应杭州市建设"世界名城名店"的需要，二是汇德隆战略布局、发展布局的需要。后一项是汇德隆的"私事"，但前一项却是杭州的"大事"，一定要尽全力、高水平完成。

就在此时，万科旗下的印力集团仍然对这块风水宝地念念不忘，主动向汇德隆伸出了橄榄枝。王炳炯具有军人的鲜明特性，行事果断利落，在长期的创业和经营活动中形成了"独行侠"风格，习惯于独资经营，在股权上"一家独大"，极少愿意与他人合作，这对他来说无疑是一个极其艰难的决策。

王强经过冷静的分析，再三向王炳炯陈述了两家合作的利弊：如果两家达成战略合作，虽然汇德隆不可避免地被稀释掉一部分股权，但是双方也恰好实现了优势互补——汇德隆能够引领印力集团快速融入本地市场，而印力集团带来的人力和资金，也为汇德隆增添了活力。

多年以来，王炳炯一直秉持"有多少钱，干多大事"的理念，坚持脚踏实地、稳扎稳打的经营风格，汇德隆没有用过银行一分钱贷款，甚至对外也没有一分钱负债，但如果此时坚持一家单干，大概率会耗尽公司多年的积累，万一到时候棋差一招，就可能导致多年来苦心经营的成果毁于一旦……在这个紧要的节骨眼上，王炳炯开始认真考虑王强的意见——是继续像以往一样"单打独斗"，还是去找一个靠谱的战略合作伙伴？再往大处说，这不仅仅是汇德隆的"私事"，还是一件杭州商业的"大事"，因此无论于公于私考虑，最终，王炳炯还是决定接受王强的意见，让他着手准备与印力集团商谈合作事项。

接下来的日子里，双方"共弃前嫌"，汇德隆与印力集团展开了漫长而艰难的谈判。翁婿二人，一人在台前一人在幕后，相得益彰；一人偏刚直一人偏柔和，刚柔并济。经过整整10个月马拉松式的反复拉锯的谈判，2017年10月19日，在萧山汇德隆总部，汇德隆与印力集团终于正式签署了战略合作协议，共同打造杭州最大的单体纯商业中心——25万平方米的印力汇德隆杭州奥体印象城，翁婿二人携手给杭州带来一个大大的意外和惊喜。

3年后，2021年9月30日，印力汇德隆杭州奥体印象城盛大开业。奥体印象城项目通过升级，打造了一个纯商业业态的BOX形综合体，一座融合人文生态理念，兼顾体验互动、服务与商业价值的全新杭城商业地标。印力集团负责人感慨，有了汇德隆这个伙伴，该项目的开张和运营是所有项目中最顺畅的。而汇德隆则借助印力集团加速了规模扩张，提升了品牌影响力，此次合作也提升了汇德隆管理团队的眼界和水平。

奥体印象城项目的开业，标志着汇德隆开始从一个萧山人创办的"服务萧山的企业"变为"服务全杭州人的企业"，为汇德隆走向更加广阔的市场打下了基础。两家企业从最初土地拍卖环节"你死我活"的竞争对手，成为现在配合默契的合作伙伴，共同谱写了商贸行业的一段佳话。

五、坚守本业，稳健共进；翁婿携手，勇立潮头

汇德隆在没有借一分钱外债的情况下，完全依靠公司内部利润积累，实现了规模扩张和产业多元化，成为萧山的纳税大户，为萧山及周边提供了大量就业岗位。

王炳炯对此自豪地说："公司做了35年，我们没有离开过萧山，一分一厘钞票赚的都是萧山的，一分一厘的税都是纳在萧山的，做的事情是萧山的，聘的员工也是萧山的。"2020年新冠疫情暴发以后，萧山紧急抽调了26位医护人员火速支援武汉，王炳炯

第一时间决定为每位医护人员发放 5 万元慰问金，别无他因——"你们现在出发和我当年在部队接到命令出发是差不多的"。在萧山区委办公室，王强亲手将慰问金交到每一位医护人员的家属手里，汇德隆成为萧山最早支持抗疫的民营企业之一。

在两代人紧密配合和共同努力下，当前汇德隆已经平稳进入了交接班的中后期。回顾汇德隆 30 多年间走过的发展历程，翁婿二人"有所求而有所不求，有所为而有所不为"，坚持稳健经营的风格、严谨低调的企业文化，并在高管团队再造、业务模式创新等方面稳步推进企业内部各项变革，携手应对未来发生的挑战。

（一）稳健经营，宽严相济

回顾自己十年有余的接班之路，王强认为老丈人身上表现出来的稳健专注的经营风格、宽严相济的治企之道，以及低调为人的行事风格，都给自己留下了深刻的印象，这些都是老丈人传给他的宝贵财富，在未来经营道路上可以受用终身。

在王强眼里，王炳炯"是一个很劳心的人"，这么多年来，他一年到头 365 天都在公司里，几乎从来没有彻底休息过一天，更没有出门远途旅行过一次。王炳炯为引进国际一线品牌奔走各地，他先到北京总部，又去上海办事处，再去香港总代理，最后跑到生产国，为了见一面负责人，年近六旬的王炳炯常常在人家办公室门口一等就是半天。一旦"吃准"一个行业，王炳炯就做到心无旁骛，在这个行业生根、发芽、成长、壮大，即使困难再多、外面诱惑再大，也会"咬定青山不放松，任尔东西南北风"，这种吃苦耐劳、持之以恒、永不言弃的精神深刻地影响了王强。

一段时期以来，房地产行业发展持续火爆，而现代百货业与房地产行业之间关系密切，一些知名企业同时涉足房地产与百货业，其中有不少企业即使主业与房地产行业关系不大，也在短期内获得了极其可观的收益。但是王炳炯始终坚持认为，任何行业都存在一定的周期性，短期内追涨杀跌远不如在一个行业深耕获得的长期回报来得丰厚和稳定，一窝蜂地贸然进入陌生领域，决策失败的概率和后果的严重程度都会直线上升。"社会大环境中有很多诱惑，但是他能够不去羡慕别人，两耳不闻窗外事，一心埋头深耕自己的行业"，王强认为，王炳炯身上的这种"坚守"已经上升到了信念的高度，是汇德隆走得更远、走得更稳的精神保障。

"宽严相济"的治企之道，是王炳炯自身敦厚的品性和长期的从军经历在管理企业上的体现，"宽"体现在对员工，特别是基层员工的"谦卑"和关心上。在汇德隆，任何员工有任何问题和意见，都可以直接和王炳炯交流反映，"公司里打扫卫生的都可以找他对话"。

"他把员工视为自己的财富，一些中层把他视为自己的亲人、长辈"，王强感慨道，在亲眼看到之前，自己也很难想象每年的大年初一，王炳炯雷打不动地亲自为集团几千位员工每人发放 580 元的现金红包，从一大早一直发到下午 5 点。集团总部发放年终绩效时，将 30% 的净利润作为奖金交由二级部门自行制定分配办法，基层员工的绩效奖励可以在年末一次性发放到手，而部门经理则须分成两次发放，第一次只发50%，剩下的50%只能等到60天以后，在所有基层员工对绩效分配办法没有异议的前提下，才予以发放。在此期间，如有基层员工认为绩效分配方案不够合理，则需要部门经理自行调解善后，一直到员工满意为止。

"宽严相济"中的"严"则体现在制定、实施公司内部规章制度的严谨上。因为王炳炯的从军经历和老国有企业改制背景，汇德隆的内部管理制度带有明显的"准军事化"色彩，中层干部收到集团总部发送的信息，必须在两个小时内回复，会议不得无故迟到，逾期回复或者无故迟到者将被处以罚款。"时间就是金钱，速度就是效益"，这是王炳炯挂在嘴边的话。在绩效考核上，根据实际情况的需要，公司会在年底启动末位淘汰考核流程，经过所在部门全体员工投票后，按规定解聘考核成绩位于最后一名的员工，但这一制度并非每年例行的。

在内部控制上，严厉打击收受贿赂等职务犯罪行为，员工收受现金回扣在3000元以上的必须上交公司，公司将其折价算为部门利润，再按照一定比例以绩效奖励的方式嘉奖员工；礼品回扣则通过专门部门进行公开销售。私下收受大额回扣的直接交由公安机关经侦部门处理，公司成立以来，已有三位员工因触犯这一规定而被公安机关逮捕。公司所有规章制度每两年修改一次，以确保条款细则的不断优化和与时俱进。

"宽严相济"中的"严"还体现在执行国家法律法规的一丝不

苟上。王炳炯执行企业内部制度和遵守国家法律法规的尺度是完全一致的，这也是最令王强敬佩的一点。汇德隆在纳税问题上从来不钻空子，甚至明知一些可以合法合规避税的办法，也没有去采用。例如，集团经营过程中会产生大量废纸板箱，每年价值可达几十万元，并且这部分收入均为现金形式，但王炳炯依然要求如数纳税。

王炳炯认为："企业在萧山生根发芽，政府这么关照我们，给我们很多帮助，我就有义务去光荣纳税。"2020年，汇德隆在萧山区全行业纳税额排名第18位，在萧山民营商贸类企业中纳税贡献占到了80%，截至2022年底，企业累计纳税总额达30.7亿元。同时，王炳炯坚持所有业务在合法合规前提下开展，合法合规赚来的钱才稳当、踏实。

在稳健经营和"宽严相济"背后，是王炳炯始终如一的低调为人。尽管王炳炯个人在萧山本地妇孺皆知，但在网络、报纸等公开媒体平台上，极少看到关于他本人的报道。王炳炯的吃苦耐劳、脚踏实地、为人低调，也是萧山企业家群体的一个缩影，他们身上宝贵的精神品格指引和激励着民企二代放弃本可以过上的舒适生活，投身于艰难的传承和创业活动中去。

（二）多管齐下，团队再造

老一代员工跟随创始人一路风雨同舟，经历了创业最初、最艰难的阶段，对企业的贡献不可磨灭。但是，随着当前商贸行业变革的加速进行，无论在知识储备、管理理念还是学习能力上，老一代员工都难以跟上行业发展的要求，优化汇德隆管理团队势在必行，而且迫在眉睫。尤其是在与印力集团的合作中，王炳炯也对这个标杆企业高管团队的年轻化、专业化，以及他们所表现出来的干劲和冲劲留下了深刻印象，这进一步坚定了其推进管理团队年轻化的决心。

然而，老一代员工的去留往往成为交接班中最棘手的问题之一，"如果年龄没有到，要动原有位置是很难的"。一方面，老一代员工可能自身没有完全意识到这个问题，仍然躺在原来的"功劳簿"上吃老本；另一方面，创始人对这些"老人"的保护与关爱在情理之中，如果没有安排好创业元老的去留问题，会伤及他们与创始人之间多年的深厚情感，毕竟，金钱上的账可以计算，但情感上的账很难算清楚。

管理团队的再造，是每个企业发展过程中都要过的坎。王强的破解方法首先是带着汇德隆的管理团队走出去，虚心拜访商贸行业内的一流管理团队，"有时候我们自己内部开很多会，都不如去外面跟人家开一场交流会"。通过与那些与汇德隆没有直接竞争关系的标杆企业举行座谈会，在双方开诚布公的交流中，自己的团队不仅可以取长补短，获取行业最新动向，通过寻求错位竞争、探索合作模式，实现双方优势互补、互利共赢；同时，还能够深刻认识到自身与一流团队之间存在的真正差距，从而给自己树立一个更高的目标。

即使对王强自己，这种交流的触动和提升也是非常大的，如果不找高手切磋，"自己看自己永远是'猪八戒照镜子'，觉得还可以，到外面去照一照，就清楚自己的真实水平了"。

其次，在对外交流的基础上，王强花了很大精力对管理团队进行培训，"回到公司后一起沟通心得体会"，总结交流过程中发现的短板和问题，选择有针对性的主题，进行较高频率的培训。年轻一代员工通过培训，知识、理念等方面的提升不言而喻；一部分老一代员工也通过培训激发了后劲，"二次点着发动机"，还有一部分老一代员工则在交流、培训过程中感受到了自身能力的局限性，意识到自己与行业发展要求的巨大差距，进而主动要求退居二线乃至退休。

老一代员工的退出和新一代员工的培养是同步并行的，两者可以看作同一枚硬币的正反两面。一些低能力的元老在岗本身就可能压制了新人的成长，这部分"老人"往往既没有能力也没有意愿去培养新人。一种情况是"老人"本身能力就已捉襟见肘，难以胜任培养新人的任务，这一类"老人"属于"有心无力"。另一种情况是"老人"自身能力很强，但是为了把牢既有岗位和相应待遇，往往一味地埋头去完成公司的考核指标，无暇考虑和顾及新人的培养，严重的甚至还会出现有意压制新人成长的情况，这一类"老人"属于"恶意为之"。

针对上述情况，在王强的大力推动下，集团对干部梯队构架进行了调整，弱化了"二把手"岗位，代之以一个管理团队。具体做法是取消部门副总岗位，同时增设多个部门主管岗位，在部门"一把手"不在岗的情况下，由多个主管共同履行"一把手"的职责，这样既可以确保各部门的正常运转，更重要的是培养了大批随时可以顶上来的后备干部。

当然，在团队再造的过程中，"力度"和"温度"缺一不可，"温度"体现在对老一代员工退出的进度调控和待遇保障两个方面。

首先，创业元老的岗位调整不是一蹴而就的，要建立以时间换空间的观念，一般都需要 3 ～ 5 年的时间才能完成，绝对不能为了一味求快而快刀斩乱麻。其次，创业元老去留调整的核心是待遇问题，他们不同于一般职业经理人，无论对一代创始人还是对企业都充满了深厚的感情，如果要其退出，必须保证其离职或退休后的待遇，以防止心态失衡而发生意外事端。在翁婿二人的持续努力下，到了 2018 年，汇德隆基本完成了管理团队的年轻化、专业化重组，目前集团管理层平均年龄为 40 岁。

（三）进退有度，初心不变

较长一段时期以来，电子商务的兴起给线下商家带来了日渐严峻的挑战，电商、微商、直播等新兴业态分走了实体商场的大量客流。汇德隆也曾经尝试推动家电板块进入电商领域，但经过反复权衡，王炳炯和王强一致认为，单纯模仿、跟风式进入电商领域，对汇德隆来说利大于弊。理由有三：

其一，电商不得不面临高额推广成本，"如果要把网店开在'延安路''淮海路'上，就要缴纳数额巨大的流量费，否则，就相当于把店开在偏远山区"。

其二，网店上的价格通常要低于线下实体店，否则还是无法吸引客流。

其三，汇德隆作为贸易商，自己并不生产家电，原有的物流、仓储成本并没有因为开设网店而明显减少。因此，如果要覆盖额外产生的成本，并在此基础上进一步降低商品售价，就必须和厂家联合推出低价的"定制款"商品，这也是不少商家普遍采用的销售方式。但是，这类商品在降低价格的同时，也不可避免地降低了产品质量，"空调的塑料轻了 5 斤，铁皮薄了 2 毫米"，最终被坑害的还是消费者。

因此，汇德隆坚持"不跟风买流量，不盲从做定制"，经得住短期诱惑，守得住老百姓的口碑，将实惠实实在在地留给消费者。

与此同时，电子商务为消费者带来了诸多看得见的便利，在保证"货真价实"的前提下，如何利用互联网技术，更好地做到"服务到家"，是摆在汇德隆面前的一个难题。2020 年疫情暴发以后，消费者出行受阻，大部分线下商家经营惨淡，汇德隆及早搭建了自己的线上平台"汇德隆商城"，在平台下单可以享受包邮到家服务；同时，公司大力鼓励门店开设线上直播，积极拓展销售渠道，从而在一定程度上减缓了疫情的冲击。

面对不断涌现的新技术和新业态，王炳炯给了王强试验的空间，王强则不断尝试新理念、新模式，"开拓一下，去打开一个空间，然后再观察一下，如果里面一片漆黑的，我们可以退回来；如果一片光明，我们就快速进入"。在瞬息万变的市场环境下，汇德隆做到了"取舍有道，进退有度，唯初心不变"，实际上，这不仅仅是汇德隆一家，也是众多萧山民企既能够保持稳健经营，同时也能"勇立潮头"的一个重要原因。

资料来源：
王炳炯实地访谈，2021年7月。
王强实地访谈，2021年7月。
企业补充访谈材料，2023年5月。

第五章

女承父业创新不懈，接力打造百年企业

金迪集团"女承父业"传承案例研究

💬 **案例导读**

1. 一代如何提前为二代接班人排掉接班道路上的"地雷"？

2. 一代创始人如何选择两个女儿"分口袋"的时间点？

3. 一代创始人如何做到对二代大方放权？

4. 二代接班人如何在主业（传统制造业）中找到切入点和突破点，走出一条适合自身的"权威打造之路"？

　　在 2013 年与瓜沥镇、坎山镇合并之前，萧山党山镇就已经是远近闻名的"中国化纤织造名镇""中国制镜之乡""中国卫浴配件基地""中国木门之乡"了。在 20 世纪 80 年代，乡镇集体企业为党山播下了工业化的种子；进入 90 年代之后，党山的民营企业陆续发展起来，并在 90 年代后期迎来了大发展，逐渐形成了化纤、制镜、卫浴、木门四大制造业，成为支撑起当年党山"工业强镇"的四大支柱。

　　说起这四大支柱，除了化纤产业之外，其余的美容镜、卫浴、木门三个产业的生根和壮大都绕不开党山镇上的一个传奇人物——王永虎。1986 年，他创立了金迪集团前身——萧山塑料新型包装材料厂；1994 年，他又成立了党山镇上的第一家美容镜厂，推动了塑料新型包装材料行业向整体卫浴产品行业的升级。1998 年，王永虎向市场推出了国内第一扇免漆木门，成为行业内公认的"中国免漆门鼻祖"，他一手创办的金迪集团一直占据着国内门木行业的头部位置，连续十余年被评为"中国木门 30 强"。

在王永虎这个"第一个吃螃蟹的人"的引领下，党山镇的美容镜、木门等制造类企业遍地开花，形成了"专业生产＋专业市场"的块状经济，不仅带动了党山父老乡亲致富，还吸引了大量外地劳动人口在党山安居乐业，王永虎也书写了"一人带火一产业，一人带富一方人"的传奇。

王永虎在交接班上的一些做法也令人叹服，是不少民营企业家想做却没有做到的。他"防患于未然"，在大女儿回来接班之前，就妥善解决了创业元老的退出问题，排掉了大女儿接班路上可能踩会到的"地雷"。在精力仍然旺盛的时候，王永虎就彻底完成了资产在一、二代之间的交接，以及在两个二代家庭成员之间的分配这两件通常发生在交接班最后阶段的大事。大女儿王玲娟在父亲的大方放权之下，为集团打造了电商、研发和品牌三个新引擎，逐步树立起自己的权威。在父女俩的接力之下，集团实现了商业模式的变革，金迪从一个传统制造商成功蜕变为一个高技术水平的品牌商。

一、创业不息，带富一方人

王永虎出生于 1952 年，小时候因为家里经济困难，他只读了三年小学，14 岁就跟随父亲一起从事家庭手工业，17 岁开始学木工，20 岁学习修自行车，之后又在党山镇前兴村开过拖拉机。王永虎深知自己文化功底薄弱，总是想"如果再多读几年，如果能读到初中毕业就好了"，但是，他凭着灵活的头脑和过人的胆识，始终怀着求知若渴的心态，抓住一切机会不停地学习，从一个农村娃成长为乡镇企业的技术员和一把手。即使成功打造了金迪集团，在功成名就之后，他还是保持着一如既往的谦卑："我的文化水平低，像楼梯一样有层次的话，我说不出来的。"

1973 年，王永虎进入了萧山党山镇荧光灯具厂，从普通工人干起，先后担任了机修、电工、模具、金工车间主任。1979 年，由于工作能力出色，王永虎被调入党山镇塑料装潢厂，担任技术副厂长，三年后又担任了厂长。此时，王永虎已经是萧山党山镇上的一位"能人"。1986 年，镇政府希望他出马去帮扶一个濒临倒闭的修船厂，由于修船厂设备已经极其老旧，王永虎决定另起炉灶，转型生产塑料包装盒。在镇政府的支持下，王永虎成立了金迪集团的前身——萧山塑料新型包装材料厂。"厂房一共 300 多平方米，政府投入了 1.89 万元，再向银行贷款了了 1.89 万元，一共是 3.78 万元，就把这个乡镇企业搞起来了。"这一年王永虎 36 岁，他的大女儿王玲娟 9 岁，小女儿王玲玲才刚刚出生。

在此之前，王永虎先后在两家乡镇企业总共干了 13 年，各方面能力都得到了充分的历练。在他看来，乡镇企业具有极为顽强的生命力，就像农村山上的一支马鞭笋，"有缝就长"。抱着一定要把这家企业搞好的决心和信念，王永虎用了半年时间，就把塑料包装盒的销售额做到了 20 多万元，利润也达到了 2 万多元，被政府视作"乡镇企业的一颗东方明珠"。

但是，王永虎很快发现塑料包装盒的市场容量不大，开始留意其他发展机会。20 世纪 80 年代的中国，美容镜还属于时尚产品，市场潜力非常大，王永虎便准备转型生产美容镜。王永虎在浙江大学的一个朋友的帮助下，完成了美容镜的前期设计工作，但是对乡镇企业来说，小小的美容镜却是一个不折不扣的"高科技、高投入"产品，购买一台压制 ABS 塑料镜框的机器就要花费 40 多万元，这在当时是一大笔投资。

王永虎在两家乡镇企业做过模具工，积累了一定经验，又当过分管技术的副厂长，凭借着一股子"马鞭笋"精神，他带领着几个机修出身的员工一起没日没夜地研究了一个月，最终完全靠企业自身的技术力量，把机器制作了出来。成功压出了塑料镜框后，王永虎马不停蹄地参加了一个在苏州举办的百货展销会，一下子收到几百万元订单。初战告捷后，企业很快步入了快速发展轨道，1988年，公司更名为美容镜厂；1992 年，公司花费巨资从国外引入先进的美容镜生产技术；1994 年，公司生产的美容镜产值一度排到了全国第一位。

从 1986 年开始，王永虎生产文具 2 年，生产美容镜 8 年，用整整 10 年时间赚取了人生的"第一桶金"。到了 1996 年，党山镇生产美容镜的厂家已经可以用"铺天盖地"来形容，成了全国知名的美容镜产业集群。但是由于厂家之间价格竞争激烈，产品质量把控不严，形成了经济学上的"柠檬市场"，即企业由于技术升级难度大而陷于低端产品的价格战。

面对困境，王永虎坚信"创新才是出路"，又一次启动了企业转型之路。1996 年，他先后去了美国、日本和韩国等国调研，发现在家私领域，免漆产品已经进入当地的寻常百姓家，可以说是蔚然成风，而国内还停留在使用油漆家具的阶段。木工出身的王永虎判断，随着国内人民生活水平的提高，更为健康、环保的免漆产品必将进入千家万户。

"挖到第一桶金后，胆子也更大了一些"，王永虎和美国一家公司合资成立了杭州金迪家私装饰有限公司，主打研发生产免漆室内门，同时将原有的美容镜进一步延伸至含美容镜在内的整体浴柜产品。1998 年，企业率先将 PP 材料作为木门饰面材料，研发出了国内第一扇免漆木门，并实现了大批量生产和市场投放，引领了国内木门产业的发展潮流，王永虎也成为行业内公认的"中国免漆门鼻祖"。

从此，王永虎在木门这个细分行业心无旁骛，一路深耕不息，2006 年先后成立和组建了金迪木塑型材有限公司、金迪集团，并先后荣获了"中国木门行业最具影响力人物""中国木业 30 年功勋人物"等一系列荣誉称号。

曾经在一段时间内，党山化纤行业的发展势头迅猛，不少进入化纤行业的人都赚了大钱，但王永虎清醒地认识到，自己对化纤行业不熟悉，轻易进入这个陌生领域所面临的风险已经超出了自身可以承受的水平。因此，王永虎坚决不盲从，一直没有进行跨越式的产业多元化扩张，用他自己的话来总结就是，"我这个人既有胆量，但胆量也不是很大的那种"。正是这种稳健的经营风格，一步一步把金迪送上并且稳稳地占据国内木门行业的头部位置。

1986年创建金迪至今，在30多年的时间里，从最初的塑料包装盒到美容镜，再到免漆室内门，王永虎以敏锐的商业嗅觉，敢为人先的魄力，不仅抢占了家私领域的市场先机，还极大地带动了当地制造业的发展。在王永虎的带动下，党山镇的美容镜企业如雨后春笋般涌现出来，厂里的供销员、技术员陆续离开企业，独自办厂开店，光总经理就诞生了45人，王永虎也乐观其成。

到2003年的时候，党山镇美容镜及浴柜的产值达到近100亿元，党山镇相继获得了"中国制镜之乡""中国卫浴配件基地""中国门业之乡"的国字号招牌，王永虎也实现了"一人带路，万人致富"的初心。2002年，王永虎还斥资500万元，在党山小学的原址上，建起了一所全新的九年制学校——萧山区党山金迪学校，专门为党山镇外来务工人员解决子女入学的后顾之忧，最多的时候在校学生达到2800人。从2002年一直到2008年，即在开始的6年时间里，这所学校一直处于亏损运营状态，但是王永虎办学校本来就不是为了盈利。为了这些常年在外辛苦打拼的农民工及其子弟，王永虎认为垫上这笔钱是完全值得的，是一件修功积德的善事。

二、慎重选择接班人

王永虎膝下有两个女儿，王玲娟排行老大，出生于1978年，比妹妹整整大了9岁。王玲娟自小聪明乖巧，性格外向开朗，喜欢交朋友，不仅学习成绩好，还颇有主见，遇到事情有自己的想法。1997年，她从萧山中学毕业，以优异的成绩考进入武汉理工大学，自己选择了管理学专业。由于自小对工商业充满了浓厚的兴趣，王玲娟大学期间就尝试兼职做销售化妆品、图书等小生意，当然，她的学业也一如既往地保持着优秀水平，大学毕业时拿到了管理学和经济学的双学位证书。

1998年，恰逢乡镇企业改制，此时王永虎已倾向于在家族内部传承企业，便直截了当地问大女儿："老爸这个企业，你今后想接不想接？"一方面，王玲娟深知木门、卫浴制造这一类传统制造业的种种辛苦和不易，但她从小在父亲的厂房里玩耍长大，对这个行业建立起了极其深厚的情感；同时，从小父亲就是她心中的偶像，在日复一日、年复一年的耳濡目染和言传身教中，不知不觉地已经把这个行业当作未来可以投身其中的事业。另一方面，她认为，自己作为长女，必须承担起家庭责任。因此，在这个面临人生选择的重大关口，王玲娟庄重地对父亲承诺："我有信心来接班！"从这一刻开始，这个还在读大二的女学生，就正式成了父亲眼里的第一个后备接班人。

后来，王玲娟遇到了自己人生的另一半，爱人也进入了王氏家族；再到后来，妹妹逐渐长大成人，2012年也组建起了属于自己的小家庭，后备接班人的队伍也在不断壮大。王永虎曾经将两个女儿和两个女婿进行过对比，尤其是对大女儿、大女婿进行了重点比较，综合考虑了个人意愿、性格特征及素质能力等多方面因素，仍然觉得大女儿最具有接班的条件和潜力。

小女儿从一开始就对从事传统制造业工作缺乏意向，反而和小女婿一起在服务和商贸领域干得风生水起。大女婿毕业于一所著名师范学校，婚后从学校辞职进入了金迪集团，并担任过一段时间的营运副总裁，一度成为王永虎重点培养的候选接班人。但是，大女婿是一个"技术男"，在性格上更适合从事产品研发等岗位的工作，这一点恰好与王玲娟形成了互补。最终，在四个二代成员中，王永虎还是选择了大女儿王玲娟作为自己的正式接班人。

2000 年，王玲娟大学毕业了，她原本计划先到国内大型制造类企业里锻炼一段时间，并且也顺利拿到了一家非常知名的企业的录用通知。但是，当时金迪处于快速扩张阶段，正是用人之际，更为重要的是，王永虎深知培养接班人这件事情一定是宜早不宜迟的。于是，他坚决把王玲娟叫回萧山，把她带到一块占地 86 亩的土地上，指着脚下的土地，情真意切地说："如果你现在回来，我就把这块地拿下来盖新厂，抓紧扩大规模，我们父女俩可以大显身手。"王永虎语重心长地给女儿分析道，在外面干也是干，虽然可以得到锻炼，但施展拳脚的空间毕竟有限，如果回来干，锻炼的机会更多、更大。

经过一番思考后，王玲娟最后接受了父亲的意见，怀着很早就有的把家乡制造业发扬光大的使命，回到萧山瓜沥镇，正式开启了漫漫接班之路。

三、精心铺设接班路

如何妥善安置创业元老，是交接班中大概率会遇到的一个棘手的难题，如果处理不当，轻则引发企业短期"地震"，重则导致企业伤筋动骨。创业元老，即所谓老臣，对企业的创立和发展功不可没，他们不是一般意义上的职业经理人，与一代创业者也不仅仅是上下级关系，在一定程度上还是情同手足的兄弟，是一起打天下，有难同当、有福同享的"自家人"，所以自然而然也成为二代接班人的前辈、长辈。他们经过多年的磨合，可以与一代创始人合作默契，甚至心有灵犀，可谓是一代创始人"股肱之臣"和"心腹之人"。

但是，一旦二代进入企业，随着交接班进程的逐步推进，老臣就要在未来新团队中重新确定自己的位置和角色，这无论是对二代还是对"老臣"来说都是一个非常大的挑战。新、老两代人之间的思路、理念、风格等方面的差异几乎是难以避免的，原有利益格局也难以保持不变。如果双方合作不顺利，"老臣"与"少主"之间会爆发各种矛盾和冲突，出现"主少国疑，大臣未附"的现象，这在现实中并不少见。尤其是在老臣不仅占据核心管理岗位，带领着自己多年的骨干团队，同时还拥有相当比例股权的情况下，一旦发生冲突，局面将会更加难以驾驭，甚至陷入难以化解的地步，这在现实中也是屡见不鲜。

王永虎原本有两个得力的副厂长，一个分管生产，一个分管销售，两人业务能力出色，多年来堪称其"左膀右臂"。但是，为了避免将来交接班过程中有可能出现的"大臣未附"的情况，王永虎本着未雨绸缪的原则，从股份分配和人事安排上周密筹划，为王玲娟提前排掉了未来接班道路上可能踩到的"地雷"。

首先，早在1998年企业改制的时候，王永虎在股权设置上制定了两套方案：如果女儿不愿意接班，那么自己保留60%的股份，剩下的40%就分给两个跟随自己多年的副厂长；如果女儿愿意接班，那么企业股权结构需要集中化，甚至一元化，就不再分配股份给两位副厂长。

其次，在王玲娟进入金迪之前，王永虎就提前和两位副厂长谈妥了他们的去向及给予的补偿，王玲娟大学毕业进入金迪之后，他们就干脆利落地离开了金迪。在改制后到2000年之间的接近3年时间里，王永虎给予他们高额的年薪和可观的奖金，并且在离开的时候，再一次性给他们每人一笔丰厚的补贴。离开金迪后，这两位能力出众且善解人意的副厂长马上开办了自己的工厂，后来都各自干出了一番大事业，至今仍与金迪保持着业务上的合作关系。

如果一代创业者有不止一个子女，交接班过程中如何安排好各个子女，这是一个比安置创业元老更加棘手的问题。如果一代在这一方面没有处理好，传递到二代手里很可能不是一根"接力棒"，而是一根带刺的"荆棘条"——握得越紧，就会被扎得越痛。

王永虎在仔细观察身边的企业之后发现，如果子女都成年了，尤其是各自成家立业之后，产业和财富还在一代手里不分家，一代还在时，子女们往往会相安无事，齐心协力一起打拼；但是，一旦一代年岁已大，无法正常当家做主，各种矛盾、冲突就会不可避免地集中爆发出来，陷入手足反目、妯娌成仇的境地，企业最终陷于分崩离析的情况也时有发生。

因此，王永虎本着"当断即断"的原则，在2012年小女儿出嫁前，就请专业机构把家庭名下的资产做了一次全面评估，并把全部资产在两个女儿之间做了一个明确切分：制造业这一块给了大女儿，酒店服务业这一块给了小女儿，同时还给了小女儿一部分现金。从今往后，"两姐妹不论过得好过得差，这个都是她们自己的事情了，也没有话好说（抱怨）了"。两个女儿"分口袋"时间点的选择也非常及时，尽可能地避免了更多人员对交接班产生的影响。

王永虎在自己60岁，体能和精力仍然旺盛的时候，就干脆、彻底地解决了资产在一、二代之间的继承，以及在两个二代家族成员之间的分配这两件大事，帮助王玲娟排掉了又一颗接班道路上的"地雷"。这不仅需要眼光、睿智，还需要大格局、大魄力，这一点即使放在海内外华人企业家群体中，也是相当难能可贵的。

四、一代悉心培养，大方放权

在王永虎看来，大女儿王玲娟是否意愿接班，是启动交接班进程的前提，而她是否真正有能力接班，是能否顺利交接班的核心和关键。如何将王玲娟从一个单纯的"学霸"培养成综合能力出色的"舵手"，使之成为一个众人都信服的合格接班人？王永虎制定了

"悉心磨炼"和"大方放权"两大原则，为她量身定制了系统、周密的培养计划。

就第一个原则而言，王永虎认为民营企业"当家人"要对企业从上到下都熟悉，在正式进入企业决策层之前，生产运营方面起码要学三年，行政财务方面起码也要学三年。2001年回企业工作以后，王玲娟除了中间短暂的两次产假之外，差不多在12年的时间里，依次干过总经理助理、品质经理助理、业务经理、事业部经理、董事长助理等一系列岗位。一直到2013年上半年，王玲娟才正式接班，担任金迪集团总裁一职。

通过在不同层级、不同部门的多方位磨砺，王玲娟对企业的生产制造、业务流程、管理体系、组织框架等各个方面，都有了清晰的认识和深入的理解。例如，在早期的品质经理助理岗位上，为了追溯到产品在哪一个环节存在问题，王玲娟很快意识到"不能头痛医头、脚痛医脚"，必须与设计、生产、销售、用户等不同人员一一对接沟通，从而在较短时间内学会了从整体化、系统化的视角看待企业的经营管理。

王玲娟回到金迪后，为了学习前沿知识和丰富个人经历，有一段时间曾经产生过去美国留学的念头，王永虎没有马上同意，而是让她在企业里锻炼两年后再出去。这样做并不是因为王永虎觉得女儿已经大学毕业，所学的知识在企业里用已经足够了，而是他很清楚，王玲娟这时候最缺的不是书本上的知识，而是亲身从实践中获取的知识。不到三年后，当王永虎再次问女儿要不要去美国读书时，王玲娟已经转变了想法，决定不再留学了。

经过在多个岗位没日没夜的摸爬滚打，与企业里上上下下员工的同甘共苦，与外部供应商、渠道商、工商税务、高校院所的多方互动，与国外高水平同行的面对面交流，王玲娟体会到书本上的"间接知识"和实践中的"一手知识"之间的偏差，认识到自己刚大学毕业不久，最主要的短板是知识获取渠道的单一，绝大多数知识来自学校书本，严重缺乏"干中学"和"学中干"的知识，也深刻理解了父亲的话——"只有从实际工作中得到知识，才能够把知识真正'搞实吃透'"。

"大方放权"是王永虎要求自己严格遵守的第二个原则。一代对二代的放权，始终是民营企业代际传承中的一个难点，甚至是一个痛点，要做到大胆、大方地放权，更加是难上加难。一方面，对很多一代创业者而言，企业就像是自己亲手养大的孩子，对其所怀有的情感不是金钱可以衡量的；另一方面，很多一代创业者担心一旦把权力放出去，二代是否能够"接得住、用得好"。因此，一代可能迟迟不给二代应有的权力，也可能采取"明放暗收"的方式继续控制和影响二代接班人，这种情况在现实中并不少见。

没有一代的放权，二代就不可能有施展能力的空间；如果在放权后过度干涉，也无法让二代真正得到历练和成长。在王永虎看来，放权就是一个试错的过程，一代要有包容的心态，一定要允许二代犯错，"一个人一定是会犯错的，犯一次错误两次错误不要紧，（犯错）虽然在经济损失上有压力，但是如果不犯错，一个人是没有进步的"。二代在事后认识和反省自己犯下的错误，就是一个经验和能力的提升过程。当然，在给二代提供犯错空间的同时，一代也必须守住底线，尽可能避免二代一着不慎，犯下重大战略性错误，"这个分寸一定要把好"。

2006 年，金迪又征了 100 亩地，与 2000 年征地时的情形相反，这一次是王玲娟全力推动的，王永虎的本意是不需要这么多地，两人反复商议，最终还是让女儿来做主。

2012 年，王玲娟担任事业部总经理之后，王永虎就把集团财务权交给了女儿，这时，王玲娟还尚未担任集团总裁职务。为了权衡好"试错"与"底线"之间的关系，王永虎唯一保留了集团重大投资决定权，除此之外的所有决策权都交给了女儿。遇到女儿难以定夺的事，他也只给女儿提供建议，最后做决定的还是女儿自己，就连集团召开的会议他也基本不参加了。

王永虎也自认为心态是比较好的，"你既然相信她，总想把权力拿在手里肯定是不行的，自己有点零用资金就够了"，否则，"总是替二代做决定，二代肯定成不了总裁的角色"。到了 2020 年前后，王永虎带着一个三四个人的团队，负责集团在老党山镇上的一个新建商场项目，实际上成了女儿手下的一个项目经理。

综观国内外民营企业交接班，上一代和下一代人之间的冲突是不可避免的，区别只是表现形式和程度上的差异。虽然俗话说"女儿是父亲的小棉袄"，王永虎和王玲娟两人性格都很外向，待人真诚，为人处世的风格相似，父女之间具有其他人不可比拟的沟通优势。相对而言，王永虎风格偏向于严谨、沉稳，王玲娟则更为大胆，富有冲劲，很多时候比较强势，因此，两代人仍然免不了有意见相左的时候，甚至偶尔发生双方争执"久持不下"的情况。但是父女两人对此都很坦然，他们意识到这是代际传承中必然要面对的事情，如何管控两代人之间的分歧也是交接班的"必修课"。

王玲娟也为自己有这样一位开明的父亲而感到庆幸，认为他是"真正拿得起放得下"的人，即使最后证明她错了，父亲也不会以此当作下一次否决她的由头，对她从来都是以鼓励为主，很少有批评的时候。

王永虎坦诚，自己的性格也并非天生如此。当初刚创办乡镇企业的时候，他也是一个急躁的人，但经历了这么多年的打拼，他变得越来越平和，越来越通透。年轻的时候，王永虎每个星期要值两个夜班，夜间检查车间时，如果发现值班员工在睡觉，他是会马上骂人的。但慢慢地，如果再发生类似情况，他不仅不去斥责，反而会在身边找一块保暖的东西给员工盖上。第二天早上员工知道了，既感动又内疚，就会主动向王永虎去道歉和解释。通过这种柔和的处理方式，不仅员工后续的工作态度变好了，双方的关系也变得更加融洽了。

"做人是做到老活到老，性格这个东西也是要自己把它慢慢调理好的。"这不仅是王永虎自己的感慨，也是王玲娟从父亲身上获得的最为宝贵的财富。

五、二代再造引擎，树立权威

在民营企业交接班中，相对于岗位传递、产权传递、关系网络传递，难度最大的是权威的传递。因为权威不像岗位、产权一样看得见、摸得着，它无法用明确的文字来描述，更难以用正式的合同和明白的规章制度来约束。本质上而言，权威是众多利益相关者在长期博弈中形成的一组非正式隐性契约，它是在长期经营活动中逐渐积累而成的，表现为人们出于内心的欣赏、尊重和忠诚，也即领导力专家约翰·科特所言的超出行政命令关系以外的良好工作关系、默契和个人影响力。

在民营企业交接班中，最核心的也是权威的传递，如果没有权威的成功传递，那么，二代打造自己的行事风格和经营特色也就无从谈起，交接班就不可能在真正意义上完成。

没有一代的放权，就没有二代施展的空间，二代也就难以树立起自己的权威；有了一代的放权，接下来的问题就是二代如何证明自己，如何通过一次次尝试不断展现自己的眼光、能力和魅力，从而不断获取和积累权威。然而，传统制造业普遍面临着"利润薄如纸，压力大如山"的困境，木门制造业更是如此。市场竞争充分、想象空间小，如何准确地选择切入点和突破点，找到一条实现企业动能升级，同时又适合自己的权威打造之路，成为摆在王玲娟面前的一个严峻挑战。

面对王永虎的"大方放权"，压力最大的恰恰是王玲娟自己。

"如果按照我的想法做了，第一个承担责任的就是我，放权既是给我的动力，更是对我的压力。"而且，社会大环境对民营企业接班人常常过于苛刻，社会舆论习惯于把二代与其父辈进行简单比较，二代犯下的小错也会被放大，而获得的成就又往往被视为托庇祖荫，是躺在一代的"功劳簿"上得到的。

王玲娟第一个突破点选择在"微笑曲线"的右侧部分，具体是在销售渠道环节。2002年，阿里巴巴集团的一位销售代表找到王玲娟，问她是否愿意加入电子商务平台。彼时，中国电商产业尚处在黎明前的至暗时刻，几近夭折。2002年初，阿里巴巴COO关明生告诉马云，"公司账面上剩下的钱，最多只能够再撑半年了"，于是马云制定了当年的目标——"阿里要赚一块钱"。

加入电商平台要支付给阿里巴巴6万元平台费，凭着对父亲的了解，王玲娟知道王永虎一定会爽快地支付这笔费用，而且就算6万元最后都打了水漂，也不会责怪自己。但是对王玲娟而言，她大学毕业后回到金迪差不多一年了，这也算是自己的第一个"大动作"，如果真的出师不利，最后"竹篮打水一场空"，人们难免对她这个初出茅庐的小姑娘的眼光有所怀疑。毕竟，当时绝大多数人对电子商务还处在观望的阶段，所以觉得王玲娟的想法有点大胆，太过超前了。

凭着年轻人对新事物的敏锐性和一股子冲劲，以及从学生时代就逐步培养起来的灵敏的商业嗅觉，王玲娟认定电商极有可能成为推动金迪发展的下一个引擎，于是她果断决定成为阿里巴巴最早的家装行业合作伙伴之一。率先打造电商平台，成为集团发展的一个新引擎，为金迪抢占了开拓国际市场的先机。在此基础上，王玲娟进一步整合外贸相关业务，单独成立外贸部，集团外贸业务驶入快车道。如今，金迪已将产品销售到 70 多个国家和地区，并成功培育了自有国际品牌"金迪国际房门"。

王玲娟第二个突破点选择在"微笑曲线"的最左侧——技术研发领域。2007 年，金迪与浙江大学材料科学与工程学院联合成立了新型建材科技研究中心，双方紧密协作，紧盯木门行业的市场需求，不断攻克技术难点，先后获得发明专利、实用新型专利、外观专利共计近 90 个。2015 年，王玲娟牵头推进的一项复合材料的研发与应用项目荣获了浙江省科学技术进步奖二等奖。强大的研发能力成为集团发展的第二个新引擎，金迪一跃成为行业标准的制定者，先后主导、参与了多项木门国家 / 行业标准的制定，并且入选了"国家林业标准化示范企业"。

王玲娟的第三个突破点选择在"微笑曲线"的最右侧，即品牌环节。金迪从草根企业一步步发展而来，一心一意坚守在制造环节，要培育和打造一个一流品牌难度很大，投入一大笔钱打造品牌有没有必要，到底值不值得，大多数金迪人心里免不了有这样一个问号。王玲娟则坚信，随着 80 后、90 后成为消费主力军，这一代人除了关心产品质量之外，还越来越看重产品的个性化、差异化。要抓住年轻一代消费者的"芳心"，凸显金迪品牌"独一无二"的特性，提升金迪品牌的认同度和影响力已经势在必行，甚至到了时不我待的地步。

2015 年，王玲娟力排众议，投入重金从世界设计之都法国圣艾蒂安请来了顶级设计师丹尼斯，他是法国木业设计界的翘楚，曾经担任过奢侈品牌路易威登旗下游艇项目的内饰设计师。市场再一次证明了王玲娟大胆决策的正确性，经过 6 年的努力，金迪已经成为国内具有极高辨识度的一线木门品牌，品牌成为集团发展的第三个新引擎。金迪荣获了 2021 年第十届中国木门产品大会的"中国木门原创设计金星奖"，并成功入选广东设计周"中国设计选材金牌服务商（2021—2022）。

继承人权威的建立不可能一蹴而就。在一代的大方放权下，怀着"成功是经验，失败是成长"的心态，王玲娟依靠自己敏锐的洞察力，以及大胆、果断的决策，准确选择了三个突破点，不断展现自己的才能，为金迪打造了三个新引擎，逐步树立和积累起了属于二代自己的权威。

第王玲娟选择的第一个和第三个突破点位于"微笑曲线"右侧的电商和品牌环节，皆属于一代不熟悉的新领域，二代在新领域的决策和经营行为，不仅可以减少与老员工之间的冲突，也淡化了外界对二代业绩与父辈成就之间的直接比较，为二代树立权威提供了友好的外部环境。第二个突破点位于"微笑曲线"左侧的研发环节，是两代人形成了高度共识的重要领域，同时，二代比一代具有更大的教育优势，也有利于二代权威的树立。

第二个突破点从"微笑曲线"左侧为中间的制造环节提供动

力，第一个和第三个突破点从"微笑曲线"的右侧向中间的制造环节施加压力，共同推进生产制造环节的升级，最终实现整个商业模式的蜕变，将金迪由一个传统制造商逐步打造为一个高技术水平的品牌商。

六、打造百年木门企业

从 1986 年创立至今，金迪以不到 4 万元起家，目前已经发展成为拥有 4 大制造基地、5 条自动化生产线、1 个研发设计检测中心，以及 50 个旗舰展示中心、100 个服务网点、1200 多个市场终端、员工总数超过 2000 人的大型企业集团。一直以来，金迪是碧桂园的金牌服务商，连续 10 余年被评为"中国木门 30 强"，先后获评"浙江省著名商标""浙江省名牌产品"，入选国家"绿色采购目录"，2019 年还通过了"浙江制造"品字号认证。

但是，王玲娟认为从长远看，金迪仍然处于发展初期，未来要走的路还相当长。一方面，虽然木门行业已经过了"来钱容易"的高速发展时期，进入了残酷的行业洗牌阶段，但对金迪这样的头部企业来说，实际上也遇到了新的市场机会。另一方面，木门是一种刚需产品，因此木门行业会长久地存在，虽然中国木门市场是世界上最大的，但至今为止还没有出现百亿元级规模的木门企业，行业天花板还没有被触及，可以说"拥有 13 亿人口之众的中国市场，消费潜力还远远没有被发掘出来"。

因此，王玲娟认为，虽然金迪已经做到了国内木门行业的头部企业，但未来仍然具有非常大的发展空间，打造一个"百年企业"也是完全有可能的，这也是父女俩达成的共识。

随着80后、90后群体进入消费市场，年轻一代消费者不仅对材质、款式越来越挑剔，对产品的环保要求也越来越高。王玲娟牢牢秉持"人人享有健康的居家生活品质"的理念，在"环保"和"生态"上做足了文章，下足了功夫。目前，所有金迪木门的甲醛含量已经达到了E0级别（$\leqslant 0.03\text{mg/m}^3$），甚至低于一杯水的水平，仅有国家甲醛含量标准的15%。

2016年金迪推出了自己的第一扇实木门，实现了从免漆门到实木门的跨越；在此基础上，金迪又在国内市场上率先推出了可以吸附甲醛的"负氧离子门"，这个级别的木门不仅能够吸附甲醛，还具有净化空气的功能。经过10年来持之以恒的努力，金迪把"环保"和"生态"做到了极致，"年轻化、绿色健康、崇尚自然、回归生活本真"的品牌形象深入人心。

除了在生产端不断创新，王玲娟也没有忘记在销售端持续优化。从2012年起，王玲娟开始为金迪打造"三位一体"的电子商务模式，对原有功能单一的经销商进行视频直播、装修技术等培训，将其升级为具备复合功能的"网络服务商"，在网上完成包括推广、定制、交易及配送在内的全流程服务。在阿里巴巴天猫商城，金迪木门旗舰店的销售额已经做到了行业前三位。

通过同时在生产和销售两端不断抓住新机遇，挖掘新动能，王玲娟带领金迪朝着百亿元级规模的木门企业集团迈进，自己也收获了"浙商女杰十佳年度人物""杭州市优秀企业家"等荣誉称号。

七、家族治理简单自然

健康和谐的家族治理是打造百年企业的根本保障，每个家庭或家族的情况各异，所处的发展阶段也不一样，因此，家族治理没有所谓的最优模式，适合自身的就是最好的模式。

王永虎的个人生活非常简朴，现在和老伴两人仍然住在党山当地，老伴清楚王永虎的口味，吃饭就做他喜欢的两三个家常菜，平时吃的菜也大多是自己种的。由于王玲娟和妹妹之间的产权分割在多年前就已经非常清晰，各自忙于自己独立的一块业务，再加上王永虎喜欢和老伴过简单、轻松的生活，因此，他并不怎么讲究家族活动的仪式感，没有硬性要求家族成员定期召开聚会，一般整个家庭两到三周聚餐一次。

王永虎随和的个性、随意的心态形成了轻松的家庭氛围，而轻松的家庭氛围又孕育出了简单、和谐的家族成员关系，这恰恰是家族最宝贵的财富之一，是家族成员之间高效沟通的基础，有利于更快地形成家族共识。

民营企业的代际传承是一场马拉松跑步，金迪第一代与第二代企业家的交接班尚未完全结束，第三代的培养问题已经在不知不觉中提上了议事日程。王玲娟有一儿一女，她非常关心孩子的教育问题，无论工作有多忙，她都会挤出时间来陪伴孩子。她对孩子也以鼓励为主，几乎不批评，这一点也是从王永虎那里继承的家庭教育的传统。

截至 2023 年，王永虎家族主要成员结构如图 5-1 所示，其中正方形代表男性成员，圆形代表女性成员。

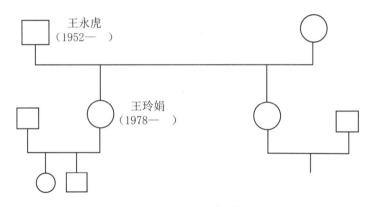

图5-1 王永虎家族主要成员结构

打造木门行业的"百年企业"，是王永虎和王玲娟最大、最根本的共识，如何将它传递到家族第三代人身上，让这个共识进一步上升为三代人的"家族愿景"乃至"家族使命"，这对王氏家族来说一个难题。实际上，这对任何一家民营企业来说都是一个重大挑战。王玲娟的儿子目前正在读高中，他继承了妈妈的诸多优点，王玲娟也有意愿让儿子日后回来接班，但毕竟他各方面还处于成长阶段，现在下定论显然为时尚早。

当前，王玲娟通过带儿子参加金迪展销会等方式，对他进行"润物细无声"的引导，让他意识到在传统制造业的不懈坚守和不断创新，同样可以改变人们的生活方式，从而实现自己的人生价值。

资料来源：
王永虎实地访谈，2021年7月。
王玲娟实地访谈，2021年7月。
企业补充访谈材料，2023年4月。

第六章

儿子自主创业反哺主业，父子接力打造民族品牌

杭申集团"二代坚守主业、自主创业"传承案例研究

．

💬 **案例导读**

1. 一代创始人如何做到对二代早早放权？

2. 二代如何与一代创始人进行有效的沟通？

3. 二代如何平衡一代开创的"主业"与自己开辟的"副业"之间的关系？

4. 公开举办传承仪式的目的是什么？

5. 怎样有效管理在企业中工作的家族成员？

　　杭申集团的创始人马传兴是一个土生土长的萧山人，他于1950年出生在钱塘江边滩涂上一户贫寒的盐民人家，在家中排行老大，下面还有5个弟弟妹妹。十几岁的时候，马传兴虽然瘦小，却敢像成年人一样，站在贴近江面的滩涂上，手双拿着网兜，赶在汹涌的潮水到来之前，冒着被巨浪卷走的危险，去"抢"被潮水冲上滩涂的"潮头鱼"。

　　钱塘江潮水自古以来就迅猛异常，变幻莫测，但那个年代几乎没有什么创收的机会，几乎每年都有人因为"抢潮头鱼"而命丧江中。少年时代"抢潮头鱼"的经历，练就了马传兴敢闯敢干的胆魄。倔强不服输的个性，以及敏锐入微的观察力，恰恰也是他日后在电气行业里"抢潮头鱼"所不可缺少的。

　　马传兴当过车间工人，干过销售员，做过乡镇企业厂长。在他掌舵之下，杭申一路坚持技术创新，通过与国营大厂联营，以及收购苏州、上海的国有企业，硬是在周边缺乏产业集群支撑的情况下，把一家集体农场下属的小工厂打造成为国内电气行业的一匹"黑马"。他的独生儿子马雪峰牢记父亲嘱托，坚守制造业主业不动摇，同时凭借超乎常人的眼光和魄力，通过连续自主创业来反哺主业，帮助企业度过了最艰难的时刻。

父子俩在成功完成交接班的同时，分别培育和提升了"杭申""华通""杰涵""江灵"四个制造业民族品牌，一步一个脚印，把杭申打造成为国内电气行业知名的"高、精、尖"小巨人企业。

一、敢抢"潮头鱼"，勇闯"上海滩"

1967 年 5 月，恰逢头蓬盐场（现红山农场）投资 2000 元成立了没多久的胶木厂招收工人，16 岁的马传兴身穿一套补丁衣裳，肩挑一副铺盖卷，走了 40 多里路来到胶木厂报名。由于看上去身材瘦小，年龄也不符合要求，马传兴差一点被胶木厂拒之门外，在他不停地软磨硬泡之下，最终厂长被他的坚持感动了，勉强答应收下这个"小家伙"。

马传兴如愿以偿成了一名"三班倒"的学徒工，平日里他沉默寡言，但如果别人开口找他帮忙，他宁愿自己辛苦也不推辞。分内的工作已经让人精疲力尽了，他却常常替工友们"顶班"，有时候连续一天一夜都不睡觉。相处时间长了，别人都叫马传兴"拼命三郎"，担心他身体会累垮，他却无所谓——"自己年纪轻轻，睡一觉就没事了"。

凭着浸透在骨子里的吃苦耐劳精神，马传兴很快便脱颖而出，成为同一批学徒工中第一个"出师"的，并且不久就当上了车间生产班长。四年后，马传兴被调往机修车间，"没有真本事，人家才不会服你"，为了尽快掌握技术，他一门心思地向师傅学手艺，把车间里的难活、累活都揽到自己身上。

1977年，马传兴已经在厂里干了整整10年，厂长认为他是一块不可多得的"好料"，要派他去上海跑销售。有人马上提出异议，认为他平日里闷声不响、老实巴交的，根本就不是一块当销售员的料。厂长却认为马传兴虽然看上去寡言少语，但他待人真诚、敢想敢干，身上有那么一股子不服输的韧劲，这恰恰是干销售不可或缺的。马传兴心里也没有底，他没什么文化，既不会油嘴滑舌，也不懂那么多门道。他一个人从乡下初到大上海，孤零零地站在上海繁华的南京路上，几乎分不清东南西北，但就靠着"多跑路、会吃苦、人实在"，马传兴拿下了一个又一个订单，第一年就向厂里证明了自己的销售能力。

在上海跑了整整一年市场，马传兴没有找厂里报销过一分业务费，小到一小包萧山萝卜干，大到一大瓶菜籽油，他都从自己口袋里往外掏钱。当时，厂长一年能够领6块钱业务补助费，马传兴和厂长一样也拿6块钱，迎来送往的开销不见得少，但他心里已经很满意了。因为马传兴相信，无论是对企业还是对客户，"吃亏是福""吃小亏斤斤计较，一定会吃大亏"。

在大上海闯荡了四个春秋，马传兴大大开阔了眼界，拓展了人脉，从一个钱塘边的"赶潮人"蜕变为上海滩上的"赶潮人"，还与当时位列国内五大开关厂的上海华通开关厂建立了联系，为日后成为它的联营分厂，乃至20多年以后杭申集团全资收购上海华通开关厂奠定了基础。

二、从乡下联营分厂到"儿子收购老子"

1980年10月19日，这是一个让马传兴记忆犹新的日子。在上海跑销售的马传兴被红山农场主要领导叫回萧山，宣布任命他为胶木厂厂长，并给他布置了年产值尽快达到100万元的任务。马传兴一是没有想到领导会这么器重他，把他这样一个普通销售员直接推上厂长的位置；二是没有想到农场领导会压给他这么重的担子，当时胶木厂年产值最高也不过40多万元，在短时间内增长两倍以上看似不可能。但是凭着那股子"不服输"的劲头，他没有提任何要求，二话不说就咬牙接下了这副重担，这一年马传兴正好是而立之年。

上任厂长之后，马传兴进行了一系列改革，制定了计件工资制、销售提成制，第一个月产值就超过了10万元。他还想办法筹集资金，从上海买了一套纸箱生产设备，为当时的钱江啤酒厂生产纸箱，初步实现了胶木厂业务的多元化。到了1981年底，工厂总产值顺利突破了100万元，马传兴仅用一年时间就完成了农场下达的任务。

1985 年，上海华通开关厂在全国范围内寻找合作伙伴，为其开关整机提供配件材料。马传兴两天跑三趟上海，靠着几年前就与上海华通开关厂"搭上的线"，把华通的办公室和主要部门都跑了个遍，又把时上海华通开关厂秦厂长等人从大上海请到了萧山乡下，用自己工厂严格的制度、高效的运转及可靠的产品质量取得了他们的信任，让一个国营大厂破例和一家乡下小厂签订了联营协议书。

从此，胶木厂正式成为上海华通开关厂的联营分厂，开始了开关绝缘零配件的来料加工，上海华通向胶木厂提供全套生产设备、原材料和工艺，并且无偿培训专业技术工人，胶木厂终于彻底告别了原来"有一顿，没一顿"的零散加工状态。成为联营分厂的第一年，红山胶木厂就在上海华通的 8 家联营分厂中脱颖而出，被评为"质量管理先进单位"。

以马传兴的胃口，绝不会仅仅满足于零配件的来料加工业务。第二年他就"蠢蠢欲动"，在秦厂长的支持下，开始生产开关配件的绝缘材料。两年后，马传兴又"得寸进尺"，进一步向上海华通申请生产空气开关、接触器等元件的绝缘材料，也成功得到了授权。1989 年，靠着一批自己的"土"技术人员，胶木厂终于开始独立生产一款自动空气开关，自此，马传兴终于实现了胶木厂从来料加工到整机制造的巨大跨越。三年后，马传兴"借船出海"，依托当时机械工业部在上海的一家研究所，联合研发了一款新型开关，一举填补了当时国内的空白。

2003 年 5 月，马传兴迈出了里程碑式的一步——在杭州红申电器有限公司、杭州之江开关有限公司等基础上，组建了浙江杭申电气集团有限公司，由他担任集团董事长和总裁。同年 9 月，他收购了以生产变压器为主的苏州变压器厂，增资后成立苏州杭申星州变压器有限公司，结果当年就实现了产值翻一番。

2004 年，上海华通开关厂由于连续经营不善，陷入濒临倒闭的境地。上海华通开关厂创立于 1919 年，是"中华老字号企业"，被誉为中国开关行业的"摇篮"、中国电气人才的"黄埔军校"，也是新中国成立后老资格的军工产品供应商。当年上海华通开关厂对胶木厂可以说是"恩重如山"的，胶木厂的每一次突破，几乎都是在华通的扶持之下获得的。马传兴怀着极为复杂的心情，决定去收购自己的"老大哥"。

2004 年 6 月，马传兴一如当年那样住进了华通简陋的招待所，和普通职工一样吃着食堂的饭菜，面对十几家实力强劲的竞争对手，马传兴开出了出资 5200 万元，拨专款安置 300 余名退任、分流人员，与 500 余名留任职工签订为期三年的聘用协议等优厚条件。

结局不负所望，上海华通开关厂通过全体职工投票的方式，最终选择了自己当年一手扶持壮大的"小老弟"杭申集团，成立了上海华通开关厂有限公司。收购上海华通开关厂，就是"小弟收购大哥"，甚至是"儿子收购老子"，让杭申集团实现了"产品研发向前迈进了 10 年"，同时，也开创了萧山民营企业到上海收购国有企业的先例。

至此，马传兴从担任胶木厂厂长开始，通过 24 年的努力，终于将一家于 1966 年成立的小乡镇企业，打造成为集超高压、高低压成套开关设备、高低压电器元件、变压器设备、电子元件、电工材料的研发、制造和销售于一体的大型企业集团，成为国内电气行业的一匹"黑马"。

三、一代早早"传股放权"，二代快速担当大任

马雪峰出生于 1977 年，是马传兴的独生儿子，他生性敦厚淳朴，从小就富有好奇心，总是喜欢钻研新鲜事物。马传兴工作很忙，没有时间管他，小时候一放假，他没事就喜欢在工厂里玩耍转悠，自小就对坐落在红山农场里的厂房、设备乃至一草一木都充满了深厚的感情。马雪峰早早学会了自立，13 岁读初中，就一个人在靖江初中住校，三年后在衢前中学读高中。1996 年，他考入当时的杭州大学（现并入浙江大学），就读数学系会计电算化专业。

2000 年初，马雪峰在大学毕业差不多半年后，听从父亲的安排，进入了当时的杭州之江开关厂。这家小工厂成立于 1990 年，主要为胶木厂提供开关零部件配套材料。之江开关厂前身是红山农场下属的一家集体福利工厂，其实仅挂了一块"牌子"，一直没有开展过实际经营活动。1998 年，工厂改制完成，厂长马传兴成为大股东，二股东则是一家员工持股协会。马雪峰进入工厂后，马传兴并没有给他立下什么规矩，"一切都随他自己"，在经费开支上也

给了他很大的自由度。但是，马雪峰深知父亲创业的艰辛，自然而然地沉下身去，从基层开始干起。为了打开销路，他四处跑市场；为了抓产品质量，他进入生产车间，和工人们同吃同干。

2001年，工厂实施转制，在父亲马传兴的支持下，马雪峰与一个合伙人一起全资收购了杭州之江开关厂。当年9月，工厂转制顺利完成，成立了杭州之江开关有限公司，马雪峰受让了80%的股份，另一个合伙人受让了20%的股份。

不难发现，杭州之江开关厂的改制过程，实际上也是马传兴将手中的股权交给下一代的过程。试想20多年前，马传兴正值中年，完全可以自己继续持有股份，但是，抱着"迟早要交给儿子，晚一点交不如早一点传"的想法，在儿子还只有24岁的时候，马传兴就着手启动了股权传承，这不可谓不早。

既然儿子当上了大股东，那么就给他一个独当一面的机会试试看。马传兴发现，儿子大学毕业后经过两年时间磨炼，正在由一个"书生"向一个"老板"转变，慢慢形成了个人的经营理念和风格，于是他就大胆地让马雪峰同时担任公司董事长和总经理。到了2003年，又让他担任了新组建的杭申电气集团的副董事长。由于父亲的早早放手，马雪峰很早就获得了一个虽然不大，却能够让他相对自由发挥的独立舞台。

"老爸对我最大的帮助，是充分信任我，放手让我去做。"20年后，步入中年的马雪峰回想起当年，觉得这一点是自己比大多数二代接班人幸运的地方。

也是在这一时期，在父亲的贴心帮助下，马雪峰逐步打造出了属于他自己的经营团队。在杭州之江开关厂，除了原有从红申电器过来的一些老员工之外，他还专门引进了一批刚刚走出校门、意气风发的大学毕业生，"老爸刻意让我与他们'打成一片'，便于我以后'带好队伍'"，马雪峰感受到了父亲的用心。

这一批 1977 年至 1982 年出生的年轻人，与马雪峰年龄相仿，想法也相近，他们中的佼佼者从毕业开始就跟着马雪峰在杭州之江开关厂一起打拼，共同成长，由于一出校门就得到了比同龄人多得多的历练机会，他们很快成长为二代团队核心成员，乃至马雪峰的"左膀右臂"。

"少主"与"老臣"之间的紧张关系，几乎是所有民营企业在交接班过程中都要面对的问题，也是处理起来很棘手的问题。马雪峰从小没事就在工厂里转悠，老员工们可以说是看着他长大的，对他实在太熟悉了，难免出现个别老员工倚老卖老，拿"小马"不当回事的情况。然而，"如果下不了'狠手'，不把规矩树立起来，下面的人也是面服心不服"。马雪峰大学毕业没多长时间，自然年轻气盛，"做事喜欢快刀斩乱麻，处理问题有时候难免简单化"。

然而，老员工们和马传兴那么多年同甘共苦"打天下"，个人关系早已"不是兄弟胜似兄弟"，最终，还是靠老爷子出马当"和事佬"，想方设法去做通老员工的思想工作，帮助儿子实现了团队骨干的新老有序替换。

马雪峰没有辜负父亲的期望，从 2001 年开始，在杭州之江开关厂这家股权上完全独立于红申电器的小企业，他基本上做到了"独当一面"，一般经营事项都由他一个人决定，遇到重大问题则父子俩一起坐下来商量。伴随着当时国内开关行业步入"黄金时代"，企业很快走上了快速发展的轨道：2000年，企业产值约1亿元；2001年，企业开始进入开关整机制造领域，当年产值就达到了2亿元；2002年，企业产值又升至3亿元，这一迅猛的发展势头一直延续到2005年。

带领公司IPO（首次公开上市）也是马雪峰从收购开关厂时就定下的目标，为了符合IPO的条件，马雪峰再一次对杭州之江开关有限责任公司实施股权改造。2003年12月，企业顺利变更为杭州之江开关股份有限公司。

从1997年开关厂实施改制，到2001年开关厂进行转制，工厂"翻牌"为有限责任公司，再到2003年有限公司更改为股份有限公司，由于马雪峰有会计学的功底，公司的三次变更他都深度参与，更是一手主导了后面两次变更，与一批券商、律师、会计师朋友建立了长期、深厚的友谊，差不多半只脚踏进了金融圈子，这为马雪峰多年之后先后进入股票二级市场和一级市场，埋下了伏笔。

经过5年时间，杭州之江开关厂从一个几乎不起眼的小工厂，发展成为马氏家族产业版图中的主要部分。最初那个简陋的"小舞台"，在马传兴的尽心帮扶下，经过马雪峰和他的小伙伴们的冲锋陷阵和开疆拓土，已经发展壮大成为一个众人瞩目的"大剧场"，逐步替代了原来红申电器的地位。

人们常说"计划赶不上变化"，可能最初连马传兴自己也没有预料到，原本他只是打算让儿子小试身手，但儿子干得有声有色，甚至可以说成绩斐然，很快从一个基层小角色变成了自己的得力干将，父子之间的交接班也如顺水行舟一般，早早就进入了第二个阶段，即"两代共治"的"一代为主，二代为辅"阶段。

四、二代连续创业，全力反哺主业

通常来说，二代接班人选择独立创业往往基于以下几个原因：一是为了跳出"利润薄如纸，压力大如山"的传统制造业，寻找一片新蓝海，不少人会先进入资本市场"试水"；二是为了远离上一代人的"关心"与束缚，给自己打造一个更为宽松自由的施展空间，以此证明自身的眼光与实力。

显然，无论哪一点都无法用来解释马雪峰的创业行为，更无法解释他接二连三的创业行为。因为在父亲的早早"传股"和大胆放权下，马雪峰早已有了一个相对独立的舞台，在开关行业里从"小试锋芒"已经逐渐发展到"风生水起"，完全可以独立把小日子过得很滋润。

但是，就马雪峰的本性来说，他与生俱来地有着对外界事物强烈的新鲜感与好奇心，这驱使着他时时、处处关注着身边各行各业的发展趋势，不断寻找进入新行业的机会。同时，大学就读会计电算化专业又使他养成了严谨细致的分析能力，帮助他比别人更早、更精准地研判行业周期。

2003 年，在大多数人还没有觉察到的时候，马雪峰就预判国内房地产行业将迎来一个前所未有的"黄金时代"。在说服了父亲后，他果断斥资进入房地产领域，早早开发了萧山天汇园等一批项目，并且在一段时间里大胆出击，将房地产业务拓展到了多个省外城市，取得了可以说是令人垂涎的回报。

2005 年底，马雪峰又做出了人生中一个重大决定——他打定主意进入国内股票二级市场，其中一个重要原因在于股票投资所占用的时间相对较少，对主业的影响可以控制在一个较低水平。然而，当时二级市场上的熊市已经步入第五个年头，上证综合指数从 2001 年 6 月 14 日的 2245 点一路下跌，到 2005 年 6 月时，已经跌破了 1000 点，日交易额不足 40 亿元；到了 2005 年 12 月，指数依然在 1100 点上下波动，成交量持续走低。如果把周期放得更长一些，上证指数依然没有突破 12 年前的最高点，即 1993 年上半年的 1558 点，整个市场低迷到几乎看不见一丝曙光。

2006 年初，马雪峰再三思考，终于开口向父亲要 500 万元的本钱，马传兴自然而然本能地反对。在马传兴看来，哪怕真的在股市分了红，挣到了钱，"也没有什么成就感"，不像自己做企业，"踏踏实实，一步一个脚印"，可以实实在在帮助周围人就业，为政府提供税收。

马雪峰和老爸反复"软磨硬泡"，告诉父亲这并非他自己一时"头脑发热"，而是与早在 1997 年杭州之江开关厂改制时就认识的一批金融圈朋友，经过反复交流、深入讨论之后得出的结论：国内上市企业股权分置改革已经于 2005 年下半年全面铺开，"同股不同权、同股不同利"等长期困扰中国股市的问题即将得到彻底解决，二级市场大概率将迎来一波大牛市，目前已经是市场的长期底部，一定要抓住这个极其难得的入场时机！

父子俩三番五次谈下来，马传兴仍然觉得儿子讲的这一套有点"虚无缥缈"，但是他心里清楚——如果不给钱，儿子会埋怨老爸没有帮他抓住大好机会，自始至终会心有不甘；反之，把钱给了他，即使最后落得本金不保的下场，也许儿子在"撞了南墙"之后，就会断了这些杂七杂八的念想，从今往后老老实实地把全部精力都花在制造业上，最终坏事反而会变成好事。马传兴了解自己的儿子，"说到底，他是一个本分的人，就让他自己去试，自己去做吧"。

2006 年 3 月，父子俩最后达成约定：儿子向老爸出具借条，借款期限为一年，明确了借款利率，约定一年分两次支付利息，并且马雪峰在老爸面前郑重承诺——如果亏钱了，那么他以后再也不碰股票了！随着上证指数从 2006 年 3 月不到 1300 点一路飙升，从 2000 点到 3000 点、4000 点再到 5000 点，马雪峰手里的 500 万元本金，在短短不到一年的时间里，已经变成了 3000 万元。在 2007 年 10 月这一波牛市的最高点——6124 点之前，马雪峰果断抛售股票，"落袋为安"，用一年 5 倍的惊人收益证明了自己当初的判断。

向老爸偿还了本金和利息之后，马雪峰手里有了 2400 多万元现金，成功获得了人生中属于自己的"第一桶金"。然而，他并没有在二级市场上恋战，而是选择了见好就收。在和自己的金融圈朋友们反复探讨之后，他决定进入私募股权投资（PE）领域。这是一个新兴的领域，2006年7月新出台的《中华人民共和国合伙企业法》，为国内私募股权行业的发展扫清了法律上的障碍；同年，同洲电子（002052）成功上市，成为国内私募股权投资的第一个成功案例。

2007年底，马雪峰在比较了几个项目后，决定向四川绵阳的一家科技型企业投资1000万元。他第一次出手就不是一个小数字，马传兴自然放心不下，马上派了公司在成都的一个销售经理前去一探究竟，结果传回来的消息可以说让他"惊掉了下巴"：这家企业非常"不靠谱"，既没有厂房，连一层办公楼都是租别人的，也没有什么值钱的设备，公司唯一值钱的就是几台电脑，满打满算也只有一两百万元的资产。

马传兴原本就认为，股权投资是"为别人作嫁衣"，要是换作自己，"连一分钱都不会去投"，获悉这一情况后，更加坚定地认为这笔投资肯定会"打水漂"。面对父亲的坚决反对，马雪峰没觉得有多委屈，而是耐下性子和父亲摆数据、讲逻辑，有理有据地为自己的决策争辩，想方设法让他改变主意。

因为在马雪峰看来，首先，这1000万元虽说是他自己赚的，但毕竟也是用向父亲借的本钱赚来的；其次，这毕竟不是一笔小钱，一旦投出去，或多或少会影响到公司主业的发展，自己作为接班人，一定要把主业放在第一位，如果要搞副业，也必须得到父亲同意才行，这是对他最基本的尊重。两人一度谁也说服不了谁，最后，马雪峰向老爸保证："如果这一次不成功，那么我以后再也不碰股权投资了，老老实实把全部心思放到制造业上。"

马传兴最终还是同意给儿子一个尝试的机会，虽然他觉得代价似乎有点大，但这恰恰是他对待儿子的一贯原则——"给了儿子机会，买来了教训，最后儿子才会真正回心转意"。也正是因为这一点，在马雪峰看来，只要自己精诚所至，把父亲的思想工作做到位，父亲还是会愿意放手，会不断给自己提供证明自身价值的机会，这一点也是他作为一个接班人的幸运之处。

政策走向和市场趋势再一次印证了马雪峰两年多前的预判。2009 年 3 月，证监会正式发布《首次公开发行股票并在创业板上市管理暂行办法》；当年 9 月，第一批共计 7 家企业全部有条件通过发审会；当年 10 月，科创板正式开板。这家科技型企业上市以后，可以说马雪峰获得了大大超乎预期的收益，他手中的股份市值最高时一度达到 3 亿元。

此后，靠着对政策的准确判断及对行业的敏锐嗅觉，马雪峰在私募股权投资市场上如鱼得水，可谓"连战连捷"。多的时候，马雪峰一年投资四五个项目，并涉足定向增发，近年来，他还保持着一年投一两个项目的频率，总体业绩不输给一些专业投资机构。让马雪峰最引以为豪的一次投资是入股"福龙马"（603686），市场回报率一度高达 40 倍。

然而，对马雪峰来说，无论是房地行业还是证券市场，哪怕获利再丰厚，也仅仅是副业，他的主业一直是开关制造业，这一点他从未动摇过。他心里牢牢记住父亲不止一次交代他的话："我一辈子养了两个小朋友，一个是你，另一个就是企业，至少在我的有生之年，你一定要把这杆大旗扛起来。"

面对父亲的叮嘱，他反复向父亲承诺："无论怎么多元化，老本行都不会丢。"因此，"投多少钱，花多少精力在副业上，并不取决于它本身能够带来多少利润，而是取决于主业需要投入多少资金和精力""只有在做好主业的前提下，匀出来的钱和时间才会投入副业中去"。

当年，房地产行业的诱惑无疑是极其巨大的，"说实话，如果要转行的话，我们其实也是非常容易的""如果方向偏一偏，就把制造业都扔掉了"。但是，当房地产行业的摊子越铺越大，马雪峰在其中耗费的精力也越来越多，尤其是在 2005 年，杭申集团收购了上海华通开关厂之后，集团整体运营的压力陡然增加，马雪峰感觉房地产这一副业的扩张已经影响到了主业的发展，就下定决心逐步从房地产行业中抽出身来，最终从房地产中"全身而退"。

回顾那段时间，马雪峰淡淡地说道："如果当时'把持不住'，我们可能早就做得很大了，也有可能已经倒掉了。"

2012 年，萧山民营企业出现了大规模的债务"连环担保"危机。由于民营企业之间"联保""互保"，只要其中一家企业出现资金链断裂，一旦银行抽贷，就可能引发数家甚至数十家企业一起陷入困境，出现"老板跑一个，企业倒一片"的现象，甚至一些经营良好的龙头企业也没能幸免。

杭申集团亦未能在这场危机中置身事外，一度濒临生死攸关的境地，在这个"人人自危、自顾不暇"的紧要关头，马雪峰果断将手中持有的上市企业的股份质押给银行，一共融得 4 亿元"救命钱"，成功帮助杭申集团渡过了"连环担保"危机。事后，马传兴父子俩都心有余悸地感叹，如果不是股权投资这门副业，杭申集团大概率过不了这个难关。

不仅如此，为了反哺主业，哪怕以"地板价"卖出手里的股份，马雪峰也在所不惜。2015 年，为了制造业发展的需要，马雪峰忍痛在 15 元左右的价位，全部出清了他长期看好的通威股份（600438）。实际上，在股权投资市场上，马雪峰在本性上是一个耐得住寂寞的长线投资者，"即使拿个五年、十年也没问题"，通威股份的长期走势也证实了他的预测。

但是，马雪峰认为自己是家中独子，不仅要守住父亲打下的江山，还要把它继续发扬光大，命中注定很多时候"没得选择"，他认为，做企业"是走上一条不归路""父亲传给我的不仅仅是财富，更多的是责任""开弓没有回头箭，答应别人的事情，一定要有始有终""只要上了轨道，你不能说停下来就停下来，关系到那么多员工和背后家庭，这是必须扛下来的担当"。

马雪峰说到做到，该卖股份的时候就毫不犹豫地卖出，毕竟副业是为主业服务的，如果主业出现了困难，那就只能牺牲副业了。

五、父子接力塑民族品牌，公开传承推数字改造

尽管马传兴父子在是否搞副业的问题上一度有过不少分歧，但在企业的发展定位上，两人从来都保持着一致的看法——"不做五百强，要做五百年"，要"一业持强"，做"隐形冠军"，不搞单纯的规模扩张。一直以来，父子俩的目标也非常明确，那就是通过持续不间断的创新，成为"高、精、尖"企业，努力打造"电气行业百年民族名牌"。

2004 年下半年，杭州之江开关股份有限公司完成了大量的 IPO 前期工作，已经把上市材料递交到了证监会。此时，一家排名全球前五的低压电气厂商，向之江开关抛来了橄榄枝。外商给出的条件不可谓不让人动心，提供资金、提供技术，但是要求一步到位持股51%，这一条是马传兴父子所不能接受的。父子俩做出了最大诚意的让步——双方各占 50% 股份，并且在 3 年后，对方的股份可以增加到 51%。谈判持续了大半年，最终不了了之，从此以后，之江开关埋头走上了主要依靠自身力量的自主发展之路。

常言道，"手中有粮，心中不慌"，对马传兴而言，则变成了"手中有人，心中不慌"。当初胶木厂和上海华通开关厂联营的时候，马传兴就深刻体会到了"企业和企业之间的差距，实际上就是人与人的差距"这个道理。杭申相继与浙江大学、西安交通大学、河北工业大学、上海电气科学研究院等高校和科研院所搞联合研发。2004 年，经国家人事部批准，杭申建立了博士后科研工作站；

同年，杭申又被授予浙江省"专利示范企业"称号。

2005年4月，在杭州之江开关股份有限公司、上海华通开关厂、苏州杭申星州变压器有限公司等十几家公司的基础上，马传兴父子组建成立了杭申集团有限公司，马传兴担任董事长和总裁，马雪峰担任副董事长，集团拥有杭申电气（元件）、华通开关（军品成套）、杰涵机械、江灵变压器四大国内知名电气品牌。

公司的"人才为本"战略也收到了越来越大的成效，相继引进了享受国务院特殊津贴专家、高级工程师、博士生等100余名高层次人才，仅仅在2005年上半年，集团就一口气推出了20个新产品，其中不乏处于国内领先水平的产品。2006年9月，杭申牌智能型万能式断路器获得"中国名牌"称号；同年12月，杭申商标被认定为"中国驰名商标"。企业产品广泛应用于上海浦东国际机场、昆明世博会馆等一批国家重点工程，并且出口到俄罗斯、东南亚等国家和地区。

马雪峰与父亲的在重大决策制定中的角色也逐渐发生了转换，马传兴将"最后拍板"的权力交给了儿子，交接班由此进入了第三个阶段，即"两代共治"的"二代为主，一代为辅"阶段。

成为新掌门人后，马雪峰坚定地沿着父子俩早前制定的路线走下去——"做实业不是做生意""一头抓市场，一头抓车间现场，中间抓技术研发"。抓市场、抓车间是老传统，市场跑得勤，有利于新产品的精准研发；而精准研发新产品，又有利于进一步打开市场。至于财务这一块，马雪峰实际上是"不大去管的"。

在杭申，市场和研发人员占了50%左右的比重，集团逐渐成长为国内电器行业的"小巨人"。2008年，集团荣获全国机械工业质量奖；2011年，集团重点研发的智能万能式断路器荣获"国家重点新产品"称号；2013年，集团的技术中心被认定为国家级企业技术中心；2015年，集团的检测中心通过国家级CNAS认证。

在萧山，杭申电气是以一种"高处不胜寒"的状态存在着，放眼四周，几乎看不到电气制造领域的同行。由于缺乏类似温州柳市镇的电气产业集群，杭申电气无法像正泰、德力西等头部企业那样，获得产业集群的集聚效应，享受周边产业链上下游企业提供的大量配套服务。

但是，马雪峰成功走出了自己的差异化发展道路，在强大的研发力量的支撑下，杭申电气得以有条件地实施"私人定制"模式，能够在很短的时间内响应细分市场客户的需求。针对每一位客户提出的特定技术指标，企业可以在15～30天完成技术攻关，3个月之内就能开发出成品送到客户手里。为了更好、更快地满足细分市场客户的需求，马雪峰把营销团队分为8支队伍，任命了3位副总和8位行业经理，分别服务电力、石化、冶金、新能源、轨道交通、工业自动化控制、新基建、地产等八大行业。营销部门每个月都会召开例会，分析各个细分市场上的新需求，统一反馈给研发部门，确保研发部门能够快速、精准地进行攻关活动。

在马雪峰的掌舵下，企业没有一味追求规模扩张，而是逐步成长为一个"高、精、尖"小巨人，成了自己所在的细分行业中当之无愧的"隐形冠军"。

2016 年 5 月，在杭申集团成立 50 周年的庆典上，马传兴和马雪峰父子俩公开举行了一个传承仪式，当着国家行业协会、数十家业务伙伴及红山农场领导的面，马传兴公开宣布："儿子比我优秀！"杭申集团正式把"权杖"交到马雪峰手上，希望大家一如既往地支持"小马总"。

在交接班仪式后，父子两人的职位并没有发生变动，马传兴仍然担任杭申集团党委书记、董事长及之江开关的副董事长；儿子马雪峰一直担任杭州之江开关股份有限公司的董事长、总经理，以及杭申集团的副董事长。

之后，马传兴在公司高层会议上就以听为主。但是，在涉及老员工的去留任用等问题上，他仍然会站出来说话，修正马雪峰简单的"一刀切"做法，想方设法争取一个更平稳、更柔和的过渡方案。虽然马传兴基本退出了公司重大决策过程，但他仍然几乎每天都来公司上班，不停给自己找活干，有时候甚至双休日也一个人待在公司，他觉得"在家看电视，要比在公司上班更吃力"。

马传兴甚至干起了文字工作，"自己文化程度没有别人高，但是写文章还是通顺的"。马传兴帮助公司把关对外草拟合同，一字一句地审核法务部起草的合同文本，仔细修改表述措辞。为了抓好车间现场，给员工培训数字化改造后的生产管理流程，马传兴则提前几天下到车间，在对具体流程了然于胸后，仅花了一天时间，就帮儿子把培训大纲全部梳理了出来。如果不是自己普通话的"萧山味"太浓了，马传兴甚至准备连带着把培训过程也一并完成了，毕竟，"一些企业日常小事，我能够帮他（马雪峰）做掉，他就可以少做一点，不用太操心了"。

多年以来，马传兴还一直保持着亲自跑市场的习惯，在他看来，跑市场如同年少时在钱塘江边抢"潮头鱼"一样，总会有意外的收获。即使遇到严峻的新冠疫情，他也坚持跑市场，一年下来总能跑十几个省份，2022 年去昆明时他差一点"流落街头"。别人觉得他已经是 70 多岁的人了还东奔西跑，劝他没有必要这么辛苦，马传兴却乐在其中："白天工作晚上乘飞机，飞机上可以睡觉，比在家打麻将要舒服得多，况且，打麻将只会钱越打越少，而我的工作是有价值的。"

对大多数民营企业而言，如果传承到了"一代隐退"阶段，第一代基本上交出了控制权，管理权则应该在"父子共治"阶段就已经完成了交接，通常情况下，第一代基本不再经常过问企业的一般经营管理问题。然而，对马氏父子来说，传承到了最后一个阶段，第一代由于基本退出了控制权，反而腾出了更多的时间和精力来关注公司的日常细节，处理具体问题，老子反倒给儿子当起了"助理"，连马传兴自己也不由地发出感叹："回头看看，自己成了儿子的经理人。"

双方角色转换能够如此灵活，不得不佩服马传兴这种能屈能伸的心态，赞叹马氏父子在传承过程中极其默契的配合。

从 2016 年开始，马雪峰把主要重心放在了推进企业数字化改造上，杭申在产品数字化和装备数字化改造上不断升级。近年来，公司不断开发数字化产品，实现传统配电产品的数字化，已获得近30项软件著作权，并在产品和自动化装备中运用。同时，通过引入国产智能化设备，同时辅以自主开发，全力打造数字化车间、智能仓储系统等，企业荣获了"省级智能工厂（数字化车间）"称号，并不断朝着"无人工厂"方向迈进。2021年，公司取得杭州市"未来工厂"称号；2022年，获工信部专精特新"小巨人"企业称号。企业通过采用"互联网＋云平台"技术，整合了制造端、销售端、客户端，打破了三个端口之间原先数据彼此割裂的状态，打造出一个统一的数字化"电气云平台"，实时远程监控设备运行状态，实现了产品的"全生命周期"管理。

数字化改造不仅提高了产品质量，还显著降低了车间一线工人的劳动强度，缩短了对客户的响应时间和新产品的研发周期，降低了企业整体运营成本。数字化改造最显著的一个成效是大幅减少了用工总量，公司规模在逐步扩大，但是员工人数却从6年前的1400多人，逐步优化到现在的800人左右，这大大缓解了这几年来愈发严重的"招工难"问题。

六、盐民文化代代传承，家族治理寓情于理

在钱塘江靠近入海口的两岸，由于江水和咸潮的反复冲刷，历史上曾经分布着大片的滩涂，滩涂的土质是盐碱地，种不了什么像样的农作物。但是，离开江岸差不多两三里的滩涂，则为当地老百

姓提供了一个天然的"讨生活"场所。

这一位置的滩涂已经有了一定高度，一般的潮水淹不到，只有农历月初或者十五的大潮汛才能冲刷到。由于钱塘江入海口的潮水是含有大量盐分的"咸潮"，这里的滩涂被潮水浸泡过后，再经过阳光的暴晒，滩涂上就会留下一片白色的"盐锋头"，即一层大约0.5厘米厚，由盐屑和泥沙混合在一起的"盐泥"。俗话说，"靠山吃山，靠水吃水"，这一层"盐泥"便是钱塘江边盐民的"饭碗"，经过"刮泥""淋卤""板晒"等手工流程后，便可以制成高纯度、味道鲜美的海盐，这一制作方法又叫作"晒盐"。

钱塘江边的盐民人家往往是"父传子，子传孙"，马传兴就出生在滩涂上的一户盐民人家。"晒盐是天下最苦的营生"，每年7月至8月的"三伏天"，滩涂地上酷热无比，却恰恰是一年当中晒盐的"黄金季节"——太阳越大越毒，滩涂上凝结的盐屑就越厚，咸度也越高。

盐民人家头顶烈日，一刻不停地刮泥、挑泥、晒泥，无论男女老少，浑身上下都被太阳晒得黑乎乎的。这一时节，也是一年当中台风、暴雨最多的时期，每当暴雨不期而至，又要分秒必争地抢收"盐板"，如果动作慢了，那么先前的劳作就会顷刻化为乌有。

这些还不是最艰难的事情，那时候，江边的滩涂总是出现"坍江"，昨天还好好的"盐田"，今天就可能瞬间坍塌，被江水完全吞没了，有时候甚至一次坍塌数里乃至数十里。潮水漫进盐民居住的"箍桶舍"（一种简陋的茅草屋），"床都漂起来，柴火也漂走了"。

　　滩涂在一处坍塌，往往又在另一处"长"出新的来，盐民不得不频繁搬家，时而住江北岸，时而住江南岸，可谓"十年九搬迁"。几次搬迁下来，家里除了晒盐的"吃饭家生"，几乎连像样一点的家当也没有了。由于不停搬家，马传兴换了三个学校才勉强读完了小学一年级，每次转学，都不得不从从头开始读起。

　　从记事起，马传兴就熟悉晒盐的每一个步骤，深知父母一辈讨生活的不易。等到马传兴长到十五六岁，就完全顶得上一个壮劳力了。当时家中有 80 块用杉木打造的盐板，如果遇到阳光充足、气温足够高的天气，每块板一天最多可以晒出五六斤盐，一天就能晒400 多斤盐。有时候，父亲作为贫下中农代表去头蓬盐场场部开会学习，挑盐就全靠马传兴和妈妈两个人，年幼的弟弟妹妹们也来帮忙做一些力所能及的活，最后算下来一家人的收成并不比别人差。

　　马传兴从小看多了父母的艰辛，习惯了日复一日的沉重劳作和粗茶淡饭的节俭生活。他平日里既不抽烟也不喝酒，只是埋头不停歇地干活，这不仅成了他的工作风格，甚至也成了他的生活方式。平常他总挂在嘴边的几句话是，"做什么事情，都要会吃苦""一定要有吃苦精神""吃亏就是占便宜"。马传兴不仅自己习惯如此，也是这样从小要求儿子的。尽管马雪峰大学一毕业就一头沉下去下车间、跑市场，但是似乎离父亲的要求总还有一些差距。在马传兴看来，专注于数据分析固然很重要，但还远远不够，一定要"狠抓两头"，下车间总会有新发现，市场是"永远跑不够的"。

　　周围人心里都清楚，马传兴是一个非常重感情的人。企业会给一些已经退休的老员工，尤其是技术线上的人设置"顾问"等头衔，鼓励他们"老带新"，通过培养年轻骨干、维系公司人脉关系等来发挥余热，"只要认为自己可以干的，愿意干多久就干多久，一直干到自己提出来不愿意再干了为止"。

马传兴对跟着他一路一起打拼的创业伙伴是如此重视，对自己的家庭成员更是关心。从懂事起，马传兴就晓得父母含辛茹苦地把6个儿女拉扯大，着实不容易，自己作为兄长，必须尽其所能地帮父母分担重担。"人都是感情的动物，很难不受感情的左右"，况且还有"举贤不避亲"的说法，马雪峰在这一方面也深受父亲的影响，目前杭申仍然聘用了一些家族成员，这些家族成员包括了马雪峰的长辈、同辈。

在企业度过早期创业阶段，进入平稳发展阶段以后，如何处理家族成员之间的关系，一直是一个绕不开、理不清的大难题，不少企业就是在这个问题上栽了跟头，出现了这样或者那样的问题。

马氏父子俩牢牢坚持一个原则——对待家族成员和非家族成员，尽可能做到实事求是，公平公正。即使是马传兴的亲侄子、亲外甥，"他们没有能力做总经理，那就是不能做的"。父子俩心里很清楚，在家庭中，情是第一位的，理是第二位的；在企业中则恰好相反，理是第一位的，情是第二位的，情只有依附于理才能长期存在下去，而如果情离开了理的支配和约束，必然最终会从外到里腐蚀掉企业肌体。父子俩当然希望家里人好，"条件差不多的时候，心里总希望自己家里人能够上去"，但是，"如果两个人明明差不少，还要把家族成员拉上去，这是绝对做不到的"。

目前，企业中除了两位家族成员在管理团队中，其他的都供职于技术部门或销售部门，这也是父子俩的一个有意识的安排。因为技术部门全凭自己的本事吃饭，没有真本事，自然干不下来；销售部门则"只问结果，不问过程"，最终全靠数字说话，没有太多情面可讲，如果坐下来讲情面，即使有第一次、第二次，也没有第三次了。接下来，马雪峰准备制定和细化规则，进一步约束企业内部可能发生的裙带关系，让企业的规章制度真正"硬起来"。

截至 2023 年，马传兴家族成员结构如图 6-1 所示，其中正方形代表男性成员，圆形代表女性成员。

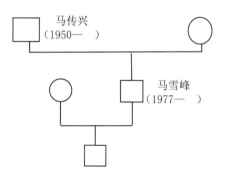

图6-1　马传兴家族成员结构

"打造百年民族品牌"是父子俩扛过几次危机，抵抗住多次诱惑，矢志不渝的奋斗目标，可谓马氏家族的"家族使命"。而如何将这一使命传递到第三代身上，是第一代和第二代当前必须着手面对的一个重大挑战。尽管马传兴也期望孙子们学成以后能够回到杭申，但是三代愿不愿意、有没有能力，都很难说，因此，目前下定论显然为时尚早。

当前中国经理人市场仍然还不成熟，无法有效激励和约束经理人，未来杭申也有可能让马雪峰一手培养起来的非家族高管来接班。这些人员往往大学毕业后就一直在杭申工作，对企业、对家族的承诺都是职业经理人完全不可想象的。目前，杭州之江开关股份有限公司已经完成了上市辅导期，父子俩希望通过企业上市，一方面让企业运营管理更加规范化；另一方面也让整个资本市场，乃至整个社会都来监督企业高管。从长期看，无论第三代最后接班与否，上市都是"打造电气行业百年民族品牌"的一条可选之路。

资料来源：

马传兴实地访谈，2022年9月。

马雪峰实地访谈，2022年9月。

企业补充访谈材料，2023年7月。

《澄沙碧蓝——益农地域人文故事100例》，中国广播电视出版社2021年。

《马传兴的杭申岁月》，《企业家日报》，2020年10月26日。

第七章

"浙商"传承的成功经验

　　笔者先后实地调研了胜达集团、汇德隆集团、金迪集团、智兴集团、杭申集团等多家具有代表性的浙江萧山民营企业，通过面对面深度访谈创始人、接班人，以及部分接班团队成员、创业元老等，最终获得了五个浙商传承的第一手案例。

　　在此基础上，从接班人选择、接班方式、接班路径、接班过程、一代放权、两代人沟通、元老退出、家族治理等各个维度，笔者梳理出了浙江民营企业在实践中采取的一些做法，总结和提炼出了当前浙商传承的经验：

　　　　接班人选开放，传承机制灵活；

　　　　一代勇于放手，二代善于沟通；

　　　　敬重创业元老，公开交接进程；

　　　　家族治理清晰，多方汇聚合力。

一、接班人选开放

在多年的实践中，浙商在接班人选择问题上，表现出了非常强的开放性，体现了浙江第一代民营企业家开阔的胸怀、巨大的包容度。

当前，浙商既有选择儿子、女儿接班的，也有选择女婿接班的；既有选择家族成员接班的，也有选择没有任何血缘和亲缘关系的职业经理人接班的；既有选择第二代家族成员，也有跨过二代家族成员，直接把企业交给第三代家族成员的。对接班人选的态度越开放，可供选择的余地就越大，就越有可能在更大的人力资源池子中挑选到更适合的接班人。

大部分情况下，如果条件允许，无论最终定下来谁做接班人，一代创始人对接班人的选择都经过了一个长期、慎重的考虑和观察过程。

例如，智兴集团创始人王永虎先后在大女儿和大女婿、小女儿和小女婿四个人中选择接班人，然后初步锁定了大女儿和大女婿，综合考虑个人意愿、能力和性格等多方面因素，他认为大女婿更适合负责技术研发工作，最终选择大女儿王玲娟作为接班人进行培养，而王玲娟后来的表现也证明了王永虎的眼光。

又如，汇德隆集团创始人王炳炯在女儿和女婿两人之间选择接班人，女儿学习法律，也可以为企业经营管理所用，但女儿在研究生毕业后入职了检察院，在司法系统内工作表现出色，于是他将接班人选锁定了女婿王强,事实也证明了女婿是一个出色的接班人。

再如,东方液压集团创始人徐栋俊在二代子女和三代直系家族成员中选择接班人,经过通盘权衡、慎重考虑,最终跳过了二代子女,直接选定第三代徐凌烽为接班人,后来孙子的表现也不负爷爷的期盼。

此外,个别浙商还选择了没有血缘和亲缘关系的非家族成员来接班,典型的如开元集团。开元集团创始人陈妙林主张"不一定非得二代接棒",他也做到了言行合一,没有选择双胞胎女儿作为接班人。2000年,时年58岁的陈妙林将开元旅业集团总裁岗位交给小他12岁的非家族成员——原集团副总裁陈灿荣。2017年,时年65岁的陈妙林又将集团董事长岗位交给了陈灿荣。2021年5月,陈妙林将开元酒店私有化,主动从港股退市,并引入红杉中国与鸥翎资本两大战略投资者,任命知名经济型酒店7天连锁酒店创始人、鸥翎资本合伙人郑南雁担任开元酒店执行董事长。

二、传承机制灵活

在浙商交接班过程中,往往会综合考虑家族成员结构、接班人特质,以及企业的业务性质、企业规模、产业布局、外部环境等各种因素,量体裁衣、相机行事,采取适合企业和家族自身特点、形式灵活的传承机制。如果说世界上没有两片完全相同的树叶,那么也可以说,没有两家浙商企业的交接班是完全一样的。

浙商传承机制的灵活性主要表现在三个方面:一是交接班方式

的多样性，包括家族成员集体接班、家族成员"分口袋"接班、家族成员或职业经理人单独接班；二是交接班路径的多样性，包括内部培养、外部空降、自主创业、内部培养＋自主创业等；三是交接班过程的多样性，因人、因企、因时，不拘一格、灵活多样地推进交接班进程；再加上接班人选的开放性，这四点共同构成了当前浙江民营企业各具特点、形态多样的交接班"生物群落"。

（一）交接班方式的多样性

浙商既有二代家族成员集体接班的，如胜达集团；也有二代家族成员"分口袋"接班的，如金迪集团；更多的是家族成员或职业经理人单独接班，如汇德隆集团、杭申集团等选择二代家族成员单独接班，东方液压集团选择三代家族成员单独接班，开元集团则选择职业经理人来单独接班。

（1）家族成员集体接班

集体接班是指下一代子女以团队形式接班，同时持有主要事业部股份，共同经营和管理企业。典型的如胜达集团，接班团队以儿子方能斌为核心，女儿方聪艺、儿媳沈蕾为主要成员。方能斌和方聪艺分别间接持有上市公司大胜达（603687）的股份。

传化集团采取的也是二代集体接班方式，创始人徐传化有两个儿子，小儿子徐冠巨担任传化集团、上市公司传化智联的董事长，大儿子徐观宝担任传化集团、传化智联副董事长，两人同时持有传化集团股份和集团下属上市公司传化智联（002010）的股份。

（2）家族成员"分口袋"接班

所谓"分口袋"接班，是指如果创业一代有两个以上子女，则将集团下属的不同事业部门分开，分别交给不同子女独立经营管理。"分口袋"接班方式的前提是不同事业部之间产权明晰，其实质是子女们"分灶吃饭"，各自分头接班。

其中典型的如金迪集团。一代创始人王永虎本着当断即断的原则，在小女儿出嫁前，就请专业机构把家庭名下的资产做了一个全面评估，并把全部资产在两个女儿之间做了一个明确切分：制造业这一块交给了大女儿，酒店服务业这一块交给了小女儿，同时还给了小女儿一部分现金。从今往后，"两姐妹不论过得好过得差，这个都是她们自己的事情了"。一代创始人在自己 60 岁，体能和精力仍然旺盛的时候，就干脆、彻底地解决了资产在一、二代之间的继承，以及集团产权在两个二代家庭成员之间的分配这两件大事。

（3）家族成员或职业经理人单独接班

单独接班是指由一代创始人的某一位后代家族成员，或者某一位职业经理人来接班。

例如，杭申集团由马传兴的儿子马雪峰接班，智兴集团由沈加员的女儿沈国琴接班，汇德隆集团由王炳炯的女婿王强接班，东方液压集团创始人徐栋俊则指定了其第三代徐凌烽为接班人，顺利完成了企业"跨代交接班"。

（二）交接班路径的多样性

当前，浙商采取的接班路径呈现出了多样化特点，主要包括内部培养、内部培养＋自主创业、外部空降、自主创业等多种路径，笔者主要结合典型案例，重点分析前三种接班路径，并讨论几种路径之间的关系。

（1）内部培养

内部培养是指一代创始人主要在自己创立的企业里培养接班人，典型的如胜达集团、金迪集团。

胜达集团接班人方能斌高中毕业后就进入了企业内部历练，先后在生产车间当一线工人、货车司机、父亲专职司机和助手、化纺事业部经理、集团公司董事局主席等岗位。

胜达集团接班人女儿方聪艺大学毕业2年后，也回到父兄身边工作，从最基层干起，依次担任了采购、营销、产销、上市公司总裁4个职位，用她自己的话说是"一步步被逼着成长，使命感也一天天深厚"。尤其是在干过营销岗位之后，方聪艺更是深刻地体会到父兄一路上的种种艰辛，磨去了个性棱角，磨炼了毅力，逐渐成为长兄方能斌的左膀右臂，一起打造方氏家族的"创二代"团队。

再以金迪集团为例，创始人王永虎大女儿王玲娟2001年大学毕业后直接回到企业。在12年的时间里，中间除了两次短暂的产假之外，王玲娟依次干过从总经理助理、品质经理助理，到业务经理、事业部经理，再到董事长助理等一系列岗位，直到2013年上半年正式担任了金迪集团总裁一职。通过在不同层级、不同部门的多方位磨砺，二代接班人对企业的生产制造、业务流程、管理体系、组织框架等各个方面，都有了清晰的认识和深入的理解，并逐渐形成了自身的经营管理理念和风格。

需要重点指出的是，采取企业内部培养方式的，在培养二代的中后期，往往在坚守主业的基础上，两代人齐心协力，一起打造产业多元化集团。也就是说，在交接班的中后阶段，接班人内部培养的过程也是两代人一起携手创业的过程。

（2）内部培养 + 自主创业

所谓内部培养 + 自主创业，指的是接班人在上一辈创立的企业中磨炼的同时，一个人在原有主业之外的领域中进行自主创业，典型的如杭申集团。

从 20 世纪 80 年代开始，杭申集团创始人马传兴就给上海一家大型国有开关厂做零部件配套产品，二代马雪峰在 2000 年初，即大学毕业差不多半年后，进入了当时的一家小工厂——杭州之江开关厂，从基层开始干起。2001 年，他抓住杭州之江开关厂转制的机会，在父亲马传兴的支持下，与一个合伙人一起全资收购了工厂，成立了杭州之江开关有限公司。

经过两年的历练，马传兴又让儿子担任了董事长和总经理。在上一代的尽心帮扶下，马雪峰和他的伙伴们经过五年的努力，将之江开关从一个几乎不起眼的、简陋的小作坊，发展成为马氏家族产业版图中的主要组成部分。

二代马雪峰在长期坚守高、低压电器行业的同时，又开始自主创业，并且是连续自主创业。2003年，他说服了父亲，集团得以进入了获利丰厚的房地产领域。2006年初，马雪峰按照"亲父子、明算账"原则，正式给马传兴打借条、约定利息，向父亲借得500万元资金，进入国内证券二级市场，成功获得了人生当中的第一桶金。2007年底，马雪峰又独立进入私募股权投资（PE）领域，两年后，在证券一级市场上又获得了远超预期的回报。

虽然二代在房地产和资本市场上连续获得了成功，但是马雪峰始终坚持"无论怎么多元化，老本行都不会丢"。尤其是在2012年，大批萧山民营企业陷入了债务"连环担保"危机，马雪峰果断将手中持有的上市企业的股份质押给银行，为实体企业输血，成功帮助杭申集团渡过了生死攸关的担保危机。

从2016年开始，二代开始主抓主业的数字化工作。一是通过传统配电产品的数字化改造，大力推进产品和装备数字化；二是通过引入国产智能化设备，同时辅以自主开发，全力打造数字化车间、智能仓储系统等；三是通过采用"互联网＋云平台"技术，打造出一个统一的数字化"电气云平台"，实时远程监控设备运行状态，实现了产品的"全生命周期"管理。

（3）外部空降

外部空降是指接班人没有经历系统化的企业内部培养，从外部进入企业后，在短期内就担任高层管理人员。

典型的如智兴集团，女儿沈国琴并非从一开始就是第一接班人选，一代创始人沈加员首先把目光投向了家族内的下一代男性成员，首先选择的接班人是女婿，但女婿已经适应了体制内工作，有自己的职业发展路径，投身企业的意愿不高；其次，沈加员也想在沈氏大家族中考虑培养接班人，但没有找到合适的人选，只得一一作罢。

女儿沈国琴中专毕业后，一直在卫生系统工作，依次担任护士、病区护士长、办公室主任，整整干了14年医疗卫生工作。作为一代唯一的子女，沈国琴心疼操劳了一辈子的父亲，并且随着父亲年龄的增长，在强烈的责任感驱使下，在父亲54岁的时候，沈国琴向父亲主动请缨，逐步把重心放到企业这边，成为智兴集团的接班人选。

一年后的2004年，沈国琴正式从卫生系统辞职，先熟悉企业的基本情况，并于2005年担任集团总经理助理，2006年担任印染厂总经理，到了2008年就开始担任集团总经理。

（4）不同接班路径的融合

有一点必须强调指出，以上几条接班路径并非完全泾渭分明、非此即彼的，恰恰相反，它们在一定程度上可以相互融合，形成具有企业自身特点的接班路径。

例如，在智兴集团的案例中，二代从外部空降，但是并没有直接担任集团高层管理人员，而是经过了大约两年时间的基层历练，以熟悉企业的运营情况。可见，外部空降模式也可以存在一段企业内部培养时期，只是时间上相对比较短。

与此相对应，另一种情况是，在胜达集团的案例中，二代方聪艺从大学毕业后，在一家进出口贸易公司工作了近两年时间，但整体上仍以自家企业内部培养为主。因此，内部培养也不排斥外部历练的过程，两者并不矛盾，反而可以相互补充。

（三）交接班过程的多样性

一般而言，无论第一代创始人指定谁成为接班人，也无论采取哪一种接班方式，以及选择哪一条接班路径，交接班过程大致都可以分为三个时期，即：二代培养时期，两代共治时期，一代淡出时期。

其中，两代共治时期又可以进一步分为两个阶段，第一个时间段是一代为主、二代为辅阶段，第二个时间段是二代为主、一代为辅阶段。虽然同属两代共治，但在前一个阶段中，企业重大决策的最终决定权还在第一代手中；而在后一个阶段中，二代占据了企业决策的核心地位。

然而，由于在不同企业中，除了两代人自身条件、个性各不相同，企业所面临的内部情况及外部环境也各不一样，因此，传承周期的长度不一属于常态。并且，即使两家企业的传承周期大致相同，但是，三个时期的时间跨度大概率会出现长短不一的情况。

例如，胜达集团对交接班进行了长期规划和精心实施，第一个时期即"二代培养期"一共持续了15年，第二个时期即"两代共治时期"前后持续了14年，其中"一代为主，二代为辅"阶段占了9年。

相比之下，属于二代"中途接班"，面临"计划赶不上变化"的情况，本着"法无定法"的智兴集团，"二代培养期"总计延续了17年，包括14年的外部磨炼期和3年的内部适应期，比胜达集团多了2年时间；"两代共治时期"一共持续了7年，其中"一代为主，二代为辅"阶段仅花了2年时间。

这种差异体现了浙商交接班过程的多样性，不同民营企业因人制宜、因企制宜、因时制宜，通过量体裁衣、相机行事，各自找到了真正切合自身情况的交接班进程安排。

胜达集团和智兴集团的接班特点比较如表7-1所示。

表7-1　胜达集团和智兴集团的接班特点比较

项目		胜达集团	智兴集团
接班人选		儿子、女儿、儿媳3人	女儿1人
接班方式		集体接班	单独接班
接班路径		内部接班	外部空降
传承过程	二代培养期	15年	17年
	一代为主，二代为辅	9年	2年
	二代为主，一代为辅	5年	5年
	一代淡出期	2018年至今	2013年至今

（1）胜达集团交接班过程分析

以采取内部接班方式的胜达集团为例，整个交接班过程前后跨越了30余年，三个时期的划分以及主要内容如下。

①二代培养时期

二代培养期为1989—2004年，长达15年，又可以进一步分为三个阶段，分别是"跟五年、学五年、教五年"。

一是跟五年：1989—1994年，二代方能斌首先在生产车间跟着工人们一起摸爬滚打，每天要做满10小时，一干就是两年多。其次，他在全国跑运输，先跟着老师傅跑，一段时间后就独当一面，一个人开着大货车与各色人等打交道。

二是学五年：1994—1999年，一代方吾校把二代方能斌贴身带在身边，让他担任专职司机，要求其"用心看、用心学、用心悟"。二代不分节假日开着小车，跟着父亲辗转上海、苏州等地，一起拜会客户，洽谈业务，熟悉营销知识，学习谈判技巧。

三是教五年：1999—2004年，二代方能斌开始担任老爸的副手，锻炼怎么管人、怎么做事，方吾校"手把手"教儿子，而方能斌对内实施"包公"式的管理，尝试独立管理业务单元，对外独立和客户面对面地打交道。

② 两代共治时期之一："一代为主，二代为辅"阶段

这一时期从2004年持续到2013年初，长达近9年。首先，一代创始人主动交出了化纺事业部的重大决策权，让儿子来拍板。二代开始形成自己的判断力和决策力，一些重大决策两人一起商量着办，但充分尊重一代的意见。

二代与创业元老的关系也开始发生了质的变化，"以前我听你的，现在你要听我的"，创业元老的角色从长辈、上级逐步变成了下属。这个时期一直延续到2013年1月传承大会召开。

③ 两代共治时期之二："二代为主，一代为辅"阶段

这一时期从 2013 年初持续到 2018 年，大约 5 年时间。在传承大会后，二代方能斌担任集团公司董事局主席。在企业战略决策制定过程中，一代和二代的角色就倒过来了，形成了以二代为核心的结构，二代终于有了足够空间来施展自己判断力和决策力。

但是，这并不意味着二代可以马上把一代撇开，对一代的意见不闻不问。二代遇事还是要和一代多商量，制定决策仍然必须考虑一代的想法，照顾其感受。

④ 一代淡出时期

这一时期从 2018 年至 2023 年初，一代方吾校留任集团党委书记，也是为了避免自己"一下子退了，可能太空虚，要弄点事情来做"。

一代方吾校以党委书记的名义，在整个集团公司范围内坚持召开高层、中层、基层干部三级民主座谈会，为企业提供咨询建议。盛达集团下属工厂分布在全国各地，最远的坐落在新疆阿克苏，一代一年当中有相当长一段时间在外出差。同时一代继续担任人大代表，但退下来以后，将"兼职"干成了"专职"。一代偶尔出现在公司，也主要为了接待各级政府领导和社会各界的视察参观。

这种状态一直维持到 2023 年 1 月，方吾校宣布将正式卸下集团党委书记的职务。

（2）智兴集团交接班过程分析

再以采取"外部空降"接班路径的智兴集团为例，三个时期的

具体划分及主要内容如下。

①二代培养时期

这一时期从 1989 年持续至 2006 年，前后共计 17 年，又可以进一步分为两个阶段，第一个阶段是 1989—2003 年，即企业外培养阶段。

1989 年，二代沈国琴以优异的成绩从杭州护士学校毕业，进入了现在的杭州市第九人民医院（原义盛卫生院），依次担任护士、病区护士长，1996 年调入萧山第四人民医院担任办公室主任，一直到 2003 年回到智兴集团。虽然医院行政管理和企业运营管理之间的区别很大，但不乏一些相通之处。将医院中积累的行政管理经验予以灵活变通，就可以用于企业经营管理，这使沈国琴能够在一个陌生的领域迅速理清头绪，找到问题的症结所在，从而逐步建立起合适自己并且有效的内控体系。

因此，二代沈国琴在医院的长期工作历练，为她后来在企业接班打下了扎实的基础，也可以说是"无心插柳柳成荫"，走出了一条既遵循交接班的一般规律，又符合自身性格特点和人生经历的接班之路。

二代培养的第二个阶段是 2003—2006 年，即企业内部培养阶段。从 2003 年开始，沈国琴从医院请假回到企业，并且于 2004 年 10 月正式辞去医院的工作。她首先在印染厂、热电厂熟悉情况，逐一了解各个岗位的职责，熟悉工厂流程与制度，清楚机器设备的性能参数，并且开始跑国内外市场。3 个月后，一代沈加员安排她参加集团办公会议，沈国琴开始驾轻就熟地干起了办公室主任的老本行，一丝不苟地做起了会议纪要的工作。2005 年，沈国琴顺理成章地担任了集团总经理助理，成为一代的得力助手。

② 两代共治时期之一 : "一代为主，二代为辅" 阶段

这一时期从 2006 年持续至 2008 年。在沈国琴进入企业 3 年后，父女两人就进入两代共治时期，并且前后仅仅花费了 2 年时间。2006 年，二代到集团的主业印染厂担任总经理，开始逐步组建起自己的运营团队，大力推进主营产品由内销到外贸的转型。随后，在一代的"壮胆"和推动下，二代沈国琴相继开拓了房地产板块，兼并重组了杭州其门堂蔬菜食品有限公司，进一步实现了集团产业多元化扩张。

③ 两代共治时期之二 : "二代为主，一代为辅" 阶段

这一时期从 2008 年持续至 2013 年，前后共计 5 年左右。2008 年以后，二代沈国琴担任集团总经理，顺利地完成了从医院到企业的行业跨越，实现了从一个成功的事业单位行政人员向一个成熟的民营企业高级管理者的角色转变。一代将企业重大事项决定权交给了女儿，交接班进入了"一代为辅，二代为主"阶段。这一时期，一代在企业经营决策中，起到的更多是"参谋"的作用，针对某个具体事项，他会把自己的观点与女儿充分交流，但已经不再要求二代按照自己的想法去做，两人意见出现相左的情况时，最后"拍板"的是二代。

二代成为"主心骨"后，为智兴集团制定了"分步走"的数字

化路线，通过"小步走、渐进式"的数字化改造之路，选择将企业生产流程数字化作为第一阶段的抓手，并逐步引入生产执行系统，推动数字化改造与精益生产的有机融合，把全流程数字化进一步往纵深方向拓展。

④ 一代淡出时期

大约从 2013 年至今，随着权力中心逐步往女儿身上转移，一代沈加员参与集团重大决策的次数也越来越少。沈加员虽然早已过了古稀之年，依然习惯于每天早上先于员工到达公司，但他基本上算是个"闲人"，由于没有事情干，他的主要工作是"炒股看盘"，等下午股市差不多收盘了，也就早早回家了。一年下来，他真正参加集团会议也只有两到三次，一般情况下，他几乎不过问企业的具体经营管理状况。

三、一代勇于放手

环顾交接班顺利的浙商企业，一代创始人在交接班过程中，一定是做到了勇于放权、放手，能够怀着包容的心态看待二代的错误，甚至主动地给二代提供一定的空间去试错。

在大方向给定的前提下，一代往往有意识地让二代去"游游泳""碰碰壁"，例如让其自主开拓新市场、探索进入新产业等。原因在于：首先，并非所有的知识都可以通过一代的言传身教来明明白白地传递给二代；其次，即使一部分知识能够通过言传身教来传递，如果一代一味向二代重复灌输甚至强制执行一些命令，会造成二代的逆反心理，这种情况在现实中并不少见。这部分知识和经验如果通过"试错"的方式，让二代从自身的教训中来汲取，能够让二代领会得更加深刻，甚至一辈子刻骨铭心。

以胜达集团为例，创始人方吾校的心得是："早放权，企业才能做得久；早放手，企业才能走得远；早放心，企业才能创新。"方吾校不断给予儿子方能斌尝试的机会，他不断提醒自己，孩子长大了肯定有自己的想法，两代人之间存在观点分歧非常正常，一代一定要学会包容二代，心态一定要好，所谓"收得住脾气，留得了福气"。

例如，在2002年底收购萧山火车站附近的金马饭店时，父子之间的意见出现了不一致，方吾校没有"一拍桌子说了算"。尽管以他的权威，这样做完全不在话下，但他意识到"老子迟早还要听儿子的"，早一天放权，儿子就多一天历练；早一天放权，交接班就多一分从容。因此，最终方吾校还是听从了儿子的意见，放弃了对金马饭店的收购。

事情的后续发展证明了"姜还是老的辣"，尽管他也一度后悔没有坚持自己的意见，丧失了一次难得的向第三产业拓展的机会，但是他很快就调整好了心态，不断暗示自己，"可能金马饭店不属于胜达，可能我命中注定要劳累"。如果下一代得到了锻炼，早点学会做出判断并承担责任，那么，即使企业发展步子放慢了，也是完全值得的。

以智兴集团为例，创始人沈加员认为，在交接班过程中，一代在把控大局的前提下，"要在二三楼看，而不是到一楼卷起裤子去指点，更不要亲自卷起袖子干。孩子大了，个性强了，要给予二代犯错的机会"。

智兴二代沈国琴对此深有体会："我老爸是比较放松的，捧着茶杯看事情，即使看到你走错了，也不会马上指出来，更不会驳你面子。由于有了老爸提供的试错的机会，我成长得会快一些。"2006年以后，一代创始人把所有项目都交给女儿，在经营过程中更多的是扮演了"参谋"的角色，"就像开车一样，她开，我坐在副驾驶位置上。哪怕车子暂时开错了路，也没关系，我可以在适当时候给它扳正过来"。只有让下一代亲自上手，在实际经营管理活动中犯过错误，有过深刻的教训，才能真正在风浪中成长起来。

例如，在萧山世纪城房地产开发项目的决策中，如果按沈加员的意见，承接下这个项目，集团总体上显然会发展得更快一点、实力会变得更强一点，但女儿最终没有遵从一代的想法。沈加员对此也看得很开，坦然接受这一结果，认为"钱是赚不完的，我们多赚一点、少赚一点，管得好一点、差一点是没有必要争吵的，只要大方向不要走错""传承的目的不是一定要赚多少钱，要多少资产，就是要把这个企业长期地传下去，不能够把企业搞垮，这是最基本也是最根本的要求"。

金迪集团创始人王永虎也秉承相似的理念："如果自己总是想把权力握在手里是不行的，既然选择女儿来接班，就要真正相信女儿。"2012年，女儿王玲娟担任事业部总经理以后，王永虎只保留了集团重大投资决定权，除此之外的所有集团财务权都交给女儿，并且基本上不参加集团会议。到了 2020 年前后，一代实际上成了二代手下的一个"项目经理"，带着一个三四人的团队，独立负责一个工程项目，"自己有点零用资金就好了"。

以杭申团集团为例，2016 年集团召开传承大会以后，创始人马传兴进入了"淡出阶段"，他做到了"能屈能伸"，放下身段给儿子当起了"助理"。一代的文化程度并不高，但他帮二代干起了文字工作。对外，他帮助集团把关合同文本；对内，他下车间熟悉数字化改造后的生产流程，然后整理出员工培训大纲。他认为自己实际上"成了儿子的经理人"。

在民营企业交接班中，"放手"是对一代创始人的一次严峻考验。改革开放后涌现的第一代企业家具有一个共同点——敢为人先、敢喝头口水、敢当出头鸟、敢第一个吃螃蟹，这种风格几乎已经刻在他们的基因里。绝大部分的一代创始人显然很清楚，传承的首要任务是尽快培养出合格的接班人，但是，如果要让第一代企业家在交接班过程中主动捆住自己的手脚，让其放弃"一言堂"，放过稍纵即逝的机会，以换取早日培养出一个合格的接班人，这无疑是他们个人生涯中的又一次"修炼"，尤其当"放手"发生在他们身体仍然强壮、精力仍然旺盛的时候。

因此，对一代创始人而言，"放手"无疑是一次"修炼"，甚至比当初创业时经历的种种"劫难"还要艰难，二代接班人需要设身处地理解一代创始人"放手"时的内心煎熬，社会舆论也要给予一代创始人足够的谅解和包容。

四、二代善于沟通

一个成熟的接班人一定是有主见的接班人，既然不可能在所有问题上都和一代达成共识，那么在涉及企业发展的重大战略问题上，发生分歧乃至冲突就几乎无法避免。在不少民营企业中，一代创始人已经习惯于被周围人"当作神一样供奉着"，无论是在企业还是在家庭里都是"一言堂"，因此，两代人之间的有效沟通成为交接班过程中，尤其是"两代共治时期"的一个关键点和难点。

在成功完成或者顺利推进交接班的浙商中，不仅可以看到接班人的视野、能力和胆魄，还可以看到他们身上表现出来的超乎常人的谦卑、忍耐，以及令人叹服的沟通技巧。

以胜达集团为例，二代方能斌认为，两代人观念肯定不一样，但是如果为了避免冲突，"全部听父母的就等于没传承"。当前社会经济发展加速推进，年轻一代对新兴产业发展的判断相对更为准确，不能因为老一代反对就轻易放弃，"这种判断和决策上一定要认准，否则就不是真正意义上的传承"。

同时，接班人也绝对不能认为"真理掌握在自己手中"，采取简单、生硬的方式，不管不顾地推进自己的决策，否则，必然会导致两代人之间的关系紧张，甚至"冰冻三尺"。因此，接班人如何在交接班的不同阶段，对自身角色进行动态调整，不断提升自己的沟通能力，调整好与一代创始人的关系，是交接班能否能够顺利向前推进的关键点。

回顾自己的接班之路，方能斌认为，在第一个"跟五年"和第二个"学五年"，"肯定是我老爹说话算数""一板一眼按照一代的要求做"；在第三个"教五年"，"如果有自己的想法，必须积极和一代沟通，但无论结果如何，最后仍然要服从一代的决定"。

进入"一代为主，二代为辅"阶段后，二代要开始形成自己的判断力和决策力"，一些重大决策开始两代人一起商量着办，但决策上要以一代为主，充分尊重一代的决定。

进入"二代为主，一代为辅"阶段后，二代有了足够空间来施展自己判断力和决策力。此时，如果两代人的思路能够取得一致，那么就"马上去做，加快去做"。但是，如果两代人之间出现分歧，一些情况下甚至分歧较大，那么二代就需要对一代进行"妥协"——遵循"慢工文火""小步慢走""以退为进"的原则，"化改革为改进""慢慢做，而不是停下来不做"。

适度放慢决策节奏、减小动作幅度，在一个个看似"折中"的决策中，逐步实现自己的战略意图，不断推进企业向前发展，同时，又将两代人之间的分歧和冲突保持在一个可控范围内。

以汇德隆集团为例，经过与一代创始人王炳炯长达十几年的朝夕相处，女婿王强逐渐摸索出了与一代的沟通之道。他将自己定位为"职业经理人加家族成员的双重身份"，即"具有职业经理人精神的家族成员"：他在企业中的身份是企业管理人员，在家庭中的身份是女婿，既不能把女婿的身份带入企业，也不能把总经理的身份带入家庭。"职业经理人和女婿"的双重身份，是两代人之间沟通的主基调，是有效化解双方矛盾的良策妙方。

作为职业经理人，王强首先把对一代创始人的尊重放在第一位，发自内心地敬佩王炳炯的魄力与勤勉；其次，他更尊重一代创始人与生俱来的性格特质，以及在长期军旅生涯中形成的行事风格。这是晚辈对长辈的尊重，是两代人之间提高沟通效率，化解分歧的根本前提。最后，二代"如果要坚持自己的观点，要用一些更为'迂回'的办法来说服老丈人"。顺应王炳炯的军人行事风格，王强会花费大量时间进行调查研究，获取尽量翔实的第一手资料，通过列数字、举例子的办法来佐证自己的观点，再找一个氛围轻松的沟通契机，更容易达成两代人的共识。

作为女婿，王强始终把对老丈人的关心放在第一位。首先，关心长辈的生活起居和健康状况，尽可能创造机会让其在百忙之中享受一下生活。他为老丈人和丈母娘精心安排了出国旅行计划，细心地准备家乡土菜供他们在旅途中食用。基于亲情的关心，保证了两代人即使在观念上产生分歧，也不会产生过于严重的情感上的冲突。其次，作为女婿，对家庭要有责任感，"即使回归到一个普通的家庭里，他是丈人我是女婿，他把女儿交给我，我就要对他们二老负责，为他们一家人尽责"。

与此同时，汇德隆集团创始人王炳炯在与女婿的长期相处中，也摸索出了行之有效的沟通之道。他是军人出身，行事果断，原则性非常强，在经营过程中习惯于独掌大局，在关键问题上往往说一不二。王炳炯意识到，相较于儿子，女婿的身份毕竟比较特殊。如果自己过于强势，必然会导致其反感、畏惧和抵触，长此以往，必将导致一代和二代之间的沟通陷入僵局。

因此，王炳炯并没有一味强硬地向女婿灌输自己的观点，而是通过日常点点滴滴的沟通与交流，来潜移默化地影响他。例如，王炳炯与王强十余年如一日，坚持每天一起共进午餐，利用这个短暂但雷打不动的时间来沟通工作、交流想法。王炳炯认为，只有通过长期不断的言传身教、时时不经意的心灵交流，才能让女婿在工作中做到耳濡目染，真正发自内心地理解和接纳自己的经营理念和管理风格。

作为老丈人，王炳炯与女婿之间的交流方式是和风细雨的，不仅要客气、委婉，甚至还要时不时加上几分幽默。女婿在自己身边工作已经超过了 10 年，可以说他们一起经历了风风雨雨，但是王炳炯从未正儿八经地批评过女婿。这一点恰恰是父子或父女关系中很难做到的。两人之间不远不近，"尺度适中"的翁婿关系，加上王炳炯"刚中带柔"的睿智，成为两人沟通的最好润滑剂。

再以杭申集团为例，在关于是否进入私募股权投资市场这一问题上，马传兴父子持有的意见完全相反。一代创始人无论从投资理念还是投资预期回报上，都坚决反对这个投资项目。从投资理念上来说，马传兴认为花大钱投资一家外省企业就是"为别人作嫁衣"，并不能带动本地经济的发展；更何况派出去实地考察的人传回来消息，那是一家看上去非常不靠谱的企业，投资大概率血本无归。

二代接班人马雪峰本可以撇开父亲的反对意见，一个人独自干，因为用于私募股权投资的 1000 万元本钱，是他完全靠自己的本事，在二级证券市场上独立赚取的人生"第一桶金"，理应可以自由支配。而赚得"第一桶金"的本钱 500 万元，也是马雪峰向老爸"黑纸白纸"立下字据借的，并且要付给老爸的利息一分也没有少。但是，马雪峰发自内心地尊重父亲，在马传兴点头之前，他没有背着老爸采取单方面行动，尽管他完全有能力这么做。

为了说服父亲，马雪峰不厌其烦地向他介绍私募股权投资市场的政策变化、所投资企业的技术优势及行业未来的发展前景，可谓想方设法地做老爸的思想工作，并且最后向马传兴保证——如果这次投资不成功，从此以后他再也不踏进私募股权投资市场半步。

马国兴在得到这个保证之后，也"见好就收"地向儿子做出"让步"，因为他已经达到了给儿子"买下教训、回心转意"的目的——如果投资失败了，马雪峰就会把精力全部投入主业中去，可谓是"失之东隅，收之桑榆"，即使这样做需要付出的代价有点大，但仍然是完全值得的。

在交接班过程中，出现两代人之间交流不畅，甚至沟通极度困难的情况并不在少数。在马国兴父子关于是否进行私募股权投资的沟通过程中，二代马雪峰表现出来的对一代的充分尊重和理解，以及一代马传兴在进退自如中对二代做出的适时"让步"，都值得正处在交接班过程中的民营企业学习和借鉴。

五、敬重创业元老

创业元老,即所谓老臣,对企业的创立和发展功不可没,但是随着技术变革及行业发展的加速推进,他们会越来越难以跟上企业快速发展的步伐。如何妥善安置创业元老,是交接班中大概率会遇到的一个难点,也直接决定了接班进程顺利与否。如果二代接班人在这一问题上处理不当,会引致一系列棘手的后果,轻则引发企业短期"地震",重则伤筋动骨,导致企业留下"后遗症"。浙商在这方面形成了一些很有借鉴作用的做法和经验。

个别民营企业能够"防患于未然",在交接班正式启动之前,一代创业者就开始着手解决创业元老退出问题。

例如,金迪集团一代创始人王永虎在二代王玲娟进入企业之前,就安顿好了两位跟随他多年的创业元老。两人一个分管生产,一个分管销售,可谓是王永虎的"左膀右臂"。为了避免将来女儿交接班过程中可能发生的"老臣不服少主"的情况,王永虎从股份分配和人事安排上都进行了周密的筹划。早在1998年企业改制的时候,王永虎在股权设置上就制定了两套方案:如果女儿不回来接班,那么自己保留60%的股份,剩下的40%分配给两位副厂长;如果女儿回来接班,那么就不再分配股份给两人。

其次,当王玲娟明确将回到企业接班后,王永虎就提前和两位元老谈妥了他们的去向和补偿问题,二代一回来,两人就干脆利落地离开了企业。在改制后到2000年之间的三年时间里,王永虎给予两人高额年薪和丰厚奖金，并且在他们离开时，再一次性给他们每人一笔丰厚的补贴。最终的结果是双方皆大欢喜，王永虎顺利为接班人排掉了未来接班路上可能会踩到的"地雷"，两个副厂长也各自干出了属于自己的事业。

当然，毕竟只有极少数民营企业能够在交接班启动之前，就妥善解决创业元老的退出问题。绝大部分民营企业的二代接班人，都不可避免地要和创业元老一起经历一段或长或短的共事时期。

以智兴集团为例，二代女儿沈国琴属于"中途接班"，这决定了她打造自己接班团队的难度更大一些，相应地，她与元老们共事的时间也要比一般接班人更长一些。沈国琴在一代创始人沈加员的影响下，加上自己多年在医疗系统的行政管理工作经验，她尽力做到与身边人用心相处、用情交往，有了委屈放到自己肚子里一个人消化。

即使她成为"新掌门人"之后，还会出现"老臣"当面顶撞，让她下不了台的情况。在心态上，沈国琴不断告诫自己"场面上一定不能毛躁，肚量一定要大"；在行动上，她俯下自己的身段，"自始至终与人用心交往"，主动与元老们当面沟通，既强化作为"新掌门人"的刚性灌输，又加强对事情本身的柔性引导。凭借着自己的执着、坚毅、包容心和忍耐力，逐步形成了属于她的独特的"人格魅力"，沈国琴最终获得了创业元老们发自内心的接纳和支持。

由于创业元老不是一般意义上的职业经理人，在一定程度上还是一代创始人情同手足的兄弟，是"心腹之人"，是一起打天下、有难同当、有福同享的"自家人"，一代创始人对这些"老人"的保护与关爱在情理之中。因此，如何对待创业元老，是两代人之间最难达成一致、最容易产生冲突的一个焦点问题。

二代接班人在处理创业元老退出问题上不是一蹴而就的，绝对不能为了一味求快，就采取"快刀斩乱麻"式的过激之举，既要确保好进度，也要调节好力度，更要讲究温度。要在发挥创业元老的余热的基础上，做到让元老们有尊严地退出，实现高管团队的新老有序更替。

以胜达集团为例，一部分创业元老从1983年创业伊始，就跟着创始人方吾校一起打拼，方吾校对手下老臣们可以说"爱护有加，保护到底"。接班人方能斌对元老们予以充分尊重，即使在担任集团董事局主席后，有时候还"哄着他们，放低姿态向他们'汇报'"。

首先，他为元老们制订了体系化的培训、考察学习计划，几乎每个月都不间断，激发他们的干事后劲，点燃其斗志。

其次，如果经过一系列努力之后，一部分元老的整体能力、意识也难以明显提升，就采取柔性化的"双轨制"，充分保障他们离职或退休后的个人待遇，以防止其发生心态失衡。例如，元老从核心管理岗位上退出的，第一年可以担任企业顾问，原有待遇可以保留100%，这个过渡期需要持续大约五年左右时间，最终，达到了"以时间换空间"的目的。

再以胜达集团为例，为了实现一些"掉队"元老的平稳离岗，二代接班人王强对新、老员工一同进行了高频率的培训和调研，

"回到公司后一起沟通心得体会"，让自己的团队深刻认识到自身与行业一流团队之间存在的真正差距。在培训过程中，一部分老臣的理念和能力得到了提升，"二次点着发动机"，跟上了公司发展的步伐，而多数老臣则在培训过程中切身感受到了自身的局限性，意识到个体能力与企业发展要求之间的巨大差距，主动要求退居二线乃至退休，从而实现了高管团队平稳、有序地新老交替。

六、公开交接进程

公开交接进程是浙江企业家区别于其他地区企业家群体的一个显著特点。在条件适宜的情况下，一些浙商会在重大、正式的场合举办传承仪式，向全社会公布交接班的重大进展或重要节点，其至专门举办隆重的传承大会，将企业交接班进程对行业、政府乃至全社会"广而告之"。此外，一部分企业家还会主动向全社会披露完整的交接班过程，将自身作为学术界研究和企业界借鉴的对象。

这一点是浙商与和其他地区民营企业在交接班过程中表现出来的非常显著的差异。一部分浙商向外部公开传承进程，看似"高调"，其实这既是其自信的体现，也是其深思熟虑的结果。

以胜达集团为例，2013 年 1 月，适逢公司创建 30 周年，方吾校召开了一个隆重的传承大会，开创了国内民营企业公开举办交接班仪式的先河。一代创始人方吾校和夫人瞿新亚将三个纯金打造的信物，即金印章、金钥匙和金尺子，分别亲手交到儿子、女儿和儿媳手里，标志着胜达集团的交接班进入了"二代为主，一代为辅"

的关键阶段。

方吾校认为，交接班一定要以公开方式进行，如果传承是私下进行的，那么第一代企业家"稍微有一点不舒服的话，可能又要收回权力"；同时，第二代接班人如果感觉到压力重，可能也会选择"撂挑子"。一旦采取了公开传承方式，第一代和第二代就都没有退路可言了，既杜绝了一代将来"再度出山"的退路，同时也堵上了二代因为承受不了压力而卸下重担的可能，即使再艰难，两代人也只能把交接班向前推进。

胜达集团公开传承的做法并非个例，杭申集团也公开举办了传承仪式。

2016 年 5 月，在杭申集团成立 50 周年庆典上，一代创始人马传兴向合作伙伴、行业协会、政府部门和社会各界宣布，"儿子比我优秀"！他正式把"权杖"完全交到二代马雪峰手上，希望大家一如既往地支持"小马总"。杭申集团的传承仪式标志着父子俩的交接班终于进入了最后阶段，即"一代隐退"期。

与胜达集团相比，杭申集团举办传承仪式的初衷有所不同，父子两人的职位在仪式后并没有发生变化，仪式的主要作用在于向社会各界宣告，杭申集团已经顺利走过了交接班的关键阶段；同时，积极争取各方对二代的支持，达到进一步维系和拓展集团社会资源的目的。

当然，中国不同地区之间文化、风俗差异明显，即使在浙江，不同地域的文化也存在很大差异，加之每个企业、每个家庭的情况也都不一样，因此，是否公开交接班进程，以及如何选择公开交接班进程的时间点，要根据自身的情况灵活决定，不可"刻舟求剑"一般简单、机械地模仿他人。

七、家族治理清晰

家族治理机制，是指为了家族和企业的长远发展，主要用于规范家族成员之间的关系，以及家族与外部利益相关方之间关系的一系列制度安排。有效的家族治理是应对家族内、外部各类变化和挑战，顺利推进交接班进程，实现基业长青极为重要的一个条件。在实践中，一部分实现顺利交接班的浙商形成了简单、清晰、家企分明的家族治理机制：在生活中对家族成员解囊相助，同时尽量避免或者逐步降低家族成员在企业财务关系、高层管理等方面的涉足和影响，尽可能做到"家庭归家庭，企业归企业"。

胜达集团一代创始人方吾校为方氏家族构建了"清晰明了"的家族治理原则，一些规矩和做法可圈可点。在处理自己的兄弟姐妹等家族成员关系上，方吾校尽可能做到简单化，既看重亲情，同时又避免他们与企业发生任何形式的联系。

方吾校有五个兄弟姐妹，他排行第三，但没有一个兄弟姐妹和他们的子女在胜达集团工作，也没有一个兄弟姐妹持有胜达集团的股份。在与兄弟姐妹的人情来往上，方吾校遵循"一次性资助"原则，即对兄弟姐妹及其子女的创业、房产购置和婚丧嫁娶等活动给予一次性资金支持。例如，方吾校以个人名义一次性资助哥哥和弟弟投资办厂，弟弟的钢构公司还使用了"胜达"的商标，但方吾校既不持有股份也不参与其公司的管理。他还一次性出资给姐姐和妹妹造房子。

方吾校还为方氏家族立了一个看似不近人情的家规：坚决不对外担保，即使对兄弟姐妹名下的企业也是如此。弟弟的钢构公司一度陷入困境，请求方吾校为其做担保，但方吾校最终还是"公事公办"地拒绝了。这一看似缺乏温度的原则，确保了方吾校避免被"连环担保"危机波及，成为胜达集团维持长期平稳发展的"压舱石"。

即便是对自己唯一的女婿，方吾校也是秉持"清晰明了"的原则，他个人出资1500万元，以女儿嫁妆的形式资助女婿进入精细化工行业，并授权他无偿使用"胜达"品牌，但在股权和管理权上，新成立的企业和胜达集团并不存在任何关联。这种清晰明了的做法，确保了家族成员之间的财务关系清晰，提前规避了家族成员可能出现的各类紧张关系，为交接班营造了良好的家族内部环境。

方氏家族还设有"家庭日"。每周当中必定有一天，三代家族成员都推掉所有事情，轮流到方能斌或方聪艺家中一起聚餐，雷打不动。这一天不谈工作上的事情，主要目的就是增进家族成员之间的感情，提升彼此的亲密程度，更有利于达成家族共识。

智兴集团一代创始人沈加员也遵循了"简约明了"的家族治理原则。从一开始，沈加员就对自己的"皇亲国戚"保持着很高的警惕性。

　　沈加员有 8 个兄弟姐妹，但是从 1995 年企业转制之初，就没有一位家族成员在核心层担任高管，也没有一位持有公司股份。2004 年沈国琴辞职回到企业后，整个中层和高层已经没有任何一位家族成员，并且，沈加员也一概"无情"拒绝了自己兄弟姐妹的下一代进入智兴。但是，每当有家族成员在生活上遇到困难或一时周转不开时，沈加员都会"主动出击"。女儿沈国琴坚持"家庭归家庭，企业归企业"，工作上"无情治企"，生活上"解囊相助"，让沈氏家族成员之间的关系尽可能保持简单、清晰。

　　相当一部分民营企业和家庭从一开始就有着"剪不断、理还乱"的关系，这在全球范围内也并不少见。家庭往往为创业者提供了最初、最重要的资金和人力来源，对 20 世纪改革开放后"洗脚上岸"的中国第一代民营企业家而言，情况更是如此。经过创业阶段后，如何处理家族成员之间的关系成为绕不开的难题。

　　杭申集团创始人马传兴对待家族成员的一些做法对大部分民营企业都有很好的借鉴作用。马传兴父子俩始终强调，企业中"理是第一位的，情是第二位的"，如果情离开了理的支配和约束，最终必然会腐蚀掉企业肌体。除了两位家族成员在集团管理团队工作外，其他几位家族成员都被安排在技术岗位和销售岗位。技术岗位全凭本事吃饭，没有真才实学，想要长期蒙混过关是不可能的。销售岗位则需要拿出实打实的业绩来，最终结果全靠数字说话，没有太多情面可讲，如果没有真本事，迟早也会"卷铺盖走人"。

　　马传兴父子俩通过这样一个有意识的岗位安排，将真正有能力的家族成员留了下来，将单纯依靠亲缘关系进入企业的家族成员逐步淘汰出去，从而尽可能减少亲情因素对企业正常运营的干扰，将家族成员之间的关系维持在一个尽量简单、清晰的状态。

八、多方汇聚合力

当前，完全依靠民营企业自身"摸着石头过河"，已经无法系统地面对交接班问题的挑战。交接班不仅仅是民营企业的"私事"，也不单纯是创始人的"家事"，在很大程度上，还是一个地区社会经济发展的"大事""要事"，甚至是影响中国经济行稳致远的"国事"，直接关系到产业结构升级和社会经济可持续发展，因此，把交接班的担子完全压在民营企业一方的肩上是不恰当的。如果交接班进程遭受挫折、发生反复，将相关责任完全归结于民营企业身上也是不合理的。

但在现实中，地方政府更多倾向于将交接班问题看作企业家的"家事"和企业的"私事"；媒体对民营企业交接班的态度在总体上不够友好，在不少时候过于苛刻，甚至"报忧不报喜"；国内学术界，尤其是高校学者的研究理论性过强，对企业家和企业的直接指导作用不足，难以满足企业家和企业的需求。因此，迫切需要企业、政府、学界和媒体之间紧密协同，产生合力，共同应对当前严峻的挑战。

浙江省杭州市萧山区在这个方面进行了富有开创性的探索，以浙江萧山工商联（总商会）为纽带，率先打造了一个包括企业、政府、高校和媒体四方力量在内的传承支持体系，助力民营企业实现顺利交接班和中长期可持续发展。这一支持体系的主要内容可以精炼地概括为"三个一"，即建设一个本土化的案例库、形成一支高水平的专家团队、营造一个友善的外部舆论环境。

一是建设一个丰富的、本土化的民营企业交接班教学案例库。萧山不仅仅是浙江民营经济的先行区之一，也是全国民营企业的标杆地之一，具备了打造交接班案例库的天然条件和独特优势。

本书现已完成胜达集团等五个案例的研究，初步形成了一本案例集。后续将进一步充实案例库，持续补充各类具有代表性的典型案例。在此基础上，进一步总结以萧山区为代表的浙商传承的具体做法，动态提炼具有本土特色的民营企业交接班经验，供国内乃至海外民营企业借鉴和参考。

二是打造一支理论水平高、实践经验强的交接班专家队伍。目前，浙江萧山工商联（总商会）已经建立起了一支包括省内外知名专家、学者在内的高水平团队，后续将聘请一批在当地具有一定知名度、已经完成或基本完成交接班的企业创始人、接班人等担任"传承导师"。

本着"治未病"的精神，"传承导师"不仅可以进行一般性课堂培训，还可以与企业"结对子"，根据家族或者企业的需要，对交接班事宜予以有针对性的指导。在此基础上，高校专家和企业"传承导师"之间互相取长补短，通力协作，打造一个立体化的培训课程体系，针对企业家一代、二代（包括部分三代）、创业元老、核心家族成员分别开设对应课程，在交接班培训上尽可能做到因材施教、有的放矢。

三是营造一个有利于民营企业交接班的宽松、友善的外部舆论环境。当前，浙江萧山工商联（总商会）已经依托《杭州日报》《浙江日报》《企业家日报》《杭商》杂志、新华社等媒体，借助各类互联网传播手段，积极宣传以萧山为代表的浙商传承的典型案例，推广成功经验。同时，努力缓解社会舆论在交接班问题上对民营企业家尤其是二代接班人的无形压力，全力营造出一个理性、包容和友善的民企交接班外部舆论环境。

附录一　　"浙商"传承语录

早放手，企业才能走得远；早放权，企业才能做得久；早放心，企业才能创新；早让位，自己才会津津有味。

——胜达集团创始人　方吾校

公开举办传承仪式，既杜绝了自己将来"再度出山"的可能，同时也堵上了二代可能承受不了压力，而卸下重担的退路。

——胜达集团创始人　方吾校

人一生当中一定要经历几次挫折，如果年轻时候一帆风顺过来，将来老了也会遇到挫折。挫折经历得多了，考虑也会更为周全，思维也会更加开阔。

——胜达集团接班人　方能斌

如果两代人之间出现的分歧比较大，就要适度放慢决策节奏、减小动作幅度，"化改革为改进"，不是停下来不做，而是慢慢做。

——胜达集团接班人　方能斌　方聪艺

在把控大局前提下，要在二三楼看，而不是到一楼卷起裤子去指点，更不要亲自卷起袖子干。

—— 智兴集团创始人　沈加员

就像开车一样，她开，我坐在副驾驶位置上。哪怕车子暂时开错了路，也没关系，我可以在适当时候给它扳正过来。

—— 智兴集团创始人　沈加员

与老臣沟通，场面上一定不能毛躁，肚量一定要大；行动上要俯下自己的身段，自始至终与人"用心相处""用情交往"。

—— 智兴集团接班人　沈国琴

接班人是女婿，和儿子毕竟不一样，沟通时要更为客气、委婉，还要时不时加上几分幽默。

—— 汇德隆集团创始人　王炳炯

不要把工作带到家里面，家里面绝不讨论工作，家里面讨论工作就很难了，总带着一些（感情、情绪），到底听谁的？这个事情就复杂化了。

—— 汇德隆集团创始人　王炳炯

我（女婿）是职业经理人和家族成员的双重身份：在企业中，身份是企业管理人员；在家庭中，身份是女婿，不能把女婿身份带入企业，也不能把总裁身份带入家庭。

—— 汇德隆集团接班人　王强

放权就是一个试错的过程，一定要允许二代试错，犯一次两次错误不要紧，虽然对经济损失有压力，但如果不犯错，一个人是没有进步的。总想把权力拿在手里肯定是不行的，自己有点零用资金就够了。

——金迪集团创始人　王永虎

资产切分之后，两姐妹不论过得好过得差，都是她们自己的事情了，也没有话好说（抱怨）了。

——金迪集团创始人　王永虎

父亲如果按照我的想法做了，第一个承担责任的就是我，放权既是给我的动力，更是给我的压力。

——金迪集团接班人　王玲娟

说到底，儿子是一个本分的人，就让他自己去试，自己去弄吧。给了儿子机会，买来了教训，最后才会真正回心转意。

——杭申集团创始人　马传兴

我儿子比我优秀！回头看看，自己成了儿子的经理人。

——杭申集团创始人　马传兴

老爸对我最大的帮助，是充分信任我，放手让我去做。这一点是自己比大多数二代接班人都幸运的地方。

——杭申集团接班人　马雪峰

父亲传给我的不仅仅是财富，更多的是责任。无论怎么多元化，老本行都不会丢。

——杭申集团接班人　马雪峰

附录二　"浙商"传承经验提炼

接班人选开放，传承机制灵活；

一代勇于放手，二代善于沟通；

敬重创业元老，公开交接进程；

家族治理清晰，多方汇聚合力。

（1）接班人选开放

接班人选既有儿子、女儿，也有女婿；既有家族成员，也有职业经理人；既有第二代家族成员，也有第三代家族成员。

（2）传承机制灵活

一是交接班方式的多样性，包括家族成员集体接班、家族成员"分口袋"接班、家族成员或职业经理人单独接班。

二是交接班路径的多样性，包括内部培养、外部空降、自主创业、内部培养＋自主创业等。

三是交接班过程的多样性，"因人""因企""因时"，不拘一格、灵活多样地推进交接班进程。

（3）一代勇于放手

一代主动捆住自己的手脚，敢于放权，大胆放手，能够以包容的心态看待二代犯下的错误。一代在把控大局前提下，主动给二代提供试错空间，有意识地让二代去"游游泳""碰碰壁"，做到"在二三楼看，而不是到一楼卷起裤子去指点，更不要亲自卷起袖子干"。

（4）二代善于沟通

二代充分理解和尊重一代，在交接班不同时期对自身角色进行动态调整。二代心怀谦卑与忍耐，注重沟通技巧，在两代人出现分歧时，采用柔性、迂回的方法，遵循"慢工文火""小步慢走""以退为进"的原则，化改革为改进，在与一代的"妥协"中逐步推进自己的主张，将两代人的分歧保持在可控范围内。

（5）敬重创业元老

二代与创业元老"用心相处""用情交往"。在创业元老退出问题上，确保好"进度"，调节好"力度"，讲究"温度"，确保元老有尊严地退出，实现高管团队新老有序更替。在可能的条件下，一代提前甚至超前帮助二代妥善解决创业元老问题。

（6）公开交接进程

在条件允许的情况下，一部分企业在重大场合，面向行业、政府和全社会，正式公布交接班的标志性节点。一部分企业家主动向全社会披露完整的交接班经过，将自身作为学术界和企业界研究、借鉴的对象。

（7）家族治理清晰

家族治理清晰明了，尽量避免或逐步降低家族成员在企业财务关系、高层管理等方面的涉足和影响。"理是第一位的，情是第二位的"，"家庭归家庭，企业归企业"，工作上"无情治企"，生活上"解囊相助"。

（8）多方汇聚合力

打造一个包括企业、政府、大学和媒体在内的交接班的外部支持体系。建设一个本土化案例库，打造一支高水平专家团队，营造一个宽松、友善的外部舆论环境，合力助推民营企业实现跨代传承。

后 记

　　2020年底，时任浙江萧山工商联（总商会）书记毛夏云、副主席王钊荣和办公室主任来晓洁一行来到杭州师范大学经济学院，希望我为萧山企业家传承做一些第一手研究。交接班对当前的中国民营企业来说，早已是一个迫在眉睫的问题，作为一名长期从事民营企业与家族企业研究的本土学者，我自然欣然应允。

　　浙江省杭州市萧山区是中国民营经济最早的发端地之一，自20世纪七八十年代以来，诞生了鲁冠球、徐传化、李水荣、邱建林、方吾校、项兴富、陈妙林等一批中国第一代民营企业家，他们与宗庆后、李书福、南存辉、茅理翔、项光达、邱光和等一起，成为第一代"浙商"的杰出代表。从最初的萧山县，到1988年设立萧山市，再到2001年成立萧山区（享有地级市经济管理权限），在行政级别和"城市能级"提升的背后，是千千万万家萧山民营企业筚路蓝缕、波澜壮阔的发展历程，是无数萧山企业家百折不挠、奔竞不息的奋斗过程。

由于浙江萧山民营经济起步早、发展快，萧山企业家属于最早面临、最早探索交接班问题的国内企业家群体之一。一部分萧山企业家在传承过程中取得的成功做法和经验，不仅可以指引浙江企业家，对当前国内民营企业家群体，乃至海外华人企业家也具有很好的借鉴作用。

基于上述思考，浙江萧山工商联（总商会）从已经成功完成或基本完成交接班的萧山本土企业中，精心选出六家作为案例研究对象。从2021年6月到2022年9月，研究团队先后调研了六家企业，通过与创始人、接班人，部分接班团队成员、创业元老面对面地深入交流，以及实地走访企业，最终获得了胜达集团、汇德隆集团、金迪集团、智兴集团、杭申集团（按时间顺序）共五个浙商传承的典型案例，并且得到了所有五个案例的授权。

本书分工如下：王明琳、朱建安提供了本书的研究思路与框架结构；王明琳主笔导言及第一、六、七章，并参与二、三、四、五章的撰写；朱建安主笔第二章；徐萌娜主笔第五章，并参与第七章的撰写；何秋琴主笔第三章；赵嘉华主笔第四章，并参与第六章的撰写。还要感谢周建芳、孔祥来、罗胜和黄钰淇四位老师在案例撰写过程中的贡献，以及王冯滋佑对文本的校对和优化工作。

　　本书的顺利完成离不开浙江萧山工商联（总商会）的全程支持，衷心感谢毛夏云、王钊荣、来晓洁、陈锋、林哲丰、王建涌（按时间顺序）等萧山工商联（总商会）领导的大力帮助，尤其要感谢毛夏云书记的全力支持与帮助，林哲丰副主席、来晓洁主任从头至尾不辞辛劳地付出；衷心感谢杭州日报萧山分社副社长方亮的充分信任和宝贵建议，以及企业家日报社副社长、杭商传媒董事长马晓才，韩厚军先生青元基金的大力支持！

王明琳

2024年1月于杭州大运河畔